Samuel Beckett, geboren 1906 bei Dublin, starb 1989 in Paris. Er schrieb erzählende und essayistische Prosa, Gedichte, Dramen, Hör- und Fernsehspiele sowie Vorlagen für Filme. 1969 erhielt er den Nobelpreis für Literatur. Sein Werk erscheint im Suhrkamp Verlag.

*Mehr Prügel als Flügel* ist Becketts erster, 1934 veröffentlichter Prosaband. Im Zentrum dieses »Romans in Erzählungen« steht Belacqua, ein Student in Dublin, der sich den Freuden der Melancholie und des Müßiggangs hingibt. Nicht verwunderlich: denn Belacqua trägt den Namen einer Figur aus Dantes *Purgatorio*, die für ihr Faulenzerleben im Fegefeuer zu büßen hat. Die Strahlkraft des Dante'schen Vorgängers reicht weit in Becketts Œuvre: Belacqua war bereits die Hauptfigur von seinem ersten Roman *Traum von mehr bis minder schönen Frauen* (1932), für den Beckett zu Lebzeiten keinen Verleger finden konnte und aus dem die zehn Erzählungen *Mehr Prügel als Flügel* entstanden. In der Erzählung *Echos Knochen* (1933) muss der verstorbene Belacqua einen ganz eigenen Weg der Läuterung durchwandern – und auch damit war seine Reise nicht beendet: Nicht zuletzt erhält er in *Murphy* (1938) und *Molloy* (1951) einen Auftritt.

SAMUEL BECKETT

# Mehr Prügel als Flügel

Aus dem Englischen
von Christian Enzensberger

Suhrkamp

Die englischsprachige Originalausgabe erschien 1934 unter dem Titel *More Pricks than Kicks* bei Chatto and Windus, London.
Etwa ein Viertel des deutschen Texts stammt von studentischen Arbeitsgruppen im Aufbaustudium Literarische Übersetzung aus dem Englischen am Anglistischen Institut der Universität München.
Leitung und Endredaktion: Christian Enzensberger
Revidierte Übersetzung

Erste Auflage 2022

Umschlaggestaltung: Brian Barth, Berlin
Druck: BoD GmbH, Norderstedt
Printed in Germany
ISBN 978-3-518-24326-8

www.suhrkamp.de

# Dante und der Hummer

Es war Vormittag, und Belacqua hatte sich im ersten Mondcanto festgelesen. Bis zum Hals steckte er darin, er konnte weder vor noch zurück. Die glückselige Beatrice war zugegen, Dante desgleichen, und sie erklärte ihm die Flecken auf dem Mond. Als erstes wies sie ihn auf seinen Irrtum hin, dann brachte sie die eigene Erklärung vor. Die hatte sie von Gott, deshalb konnte er sich in jedem Punkt auf ihre Richtigkeit verlassen. Er brauchte ihr nur Schritt für Schritt zu folgen. Im ersten Teil, der Widerlegung, lief alles glatt. Sie zeigte schlüssig, worauf es ihr ankam, und legte dazu das Nötige ohne Umschweife und Zeitverschwendung dar. Aber Teil zwei, die Beweisführung, war so vertrackt, daß Belacqua sich keinen Reim mehr darauf machen konnte. Der Gegenbeweis, die Zurechtweisung leuchteten beide ein. Aber dann folgte ihr Nachweis, eine eilige Raffung des eigentlichen Sachverhalts, und nun steckte Belacqua wirklich in der Klemme. Zudem war er gelangweilt und wollte endlich zur Piccarda kommen. Trotzdem brütete er weiter über der Rätselstelle. Er mochte sich nicht geschlagen geben, wollte wenigstens begreifen, was die Worte hießen, auf welcher Ebene sie gesprochen waren und welche Überzeugungskraft von ihnen auf den fehlgeleiteten Dichter ausging, sodaß er am Ende der Rede gestärkt das schwere Haupt erheben konnte, um dankzusagen und seine frühere Meinung in aller Form zu widerrufen.
Er rannte in Gedanken noch immer gegen den undurchdringlichen Passus an, als er zu Mittag läuten hörte. Sogleich war die Pflichtübung wie weggewischt. Er krümmte die Finger unter dem Buch zur Schaufel und schob es damit zurück, bis es ganz auf den Handflächen lag: die dienten jetzt der aufgeschlagenen Göttlichen Komödie als Lesepult. So hingebreitet, hob er sie sich bis unter die Nase und knallte sie dort zu. Er hielt sie eine Weile in der Schwebe, blinzelte sie böse an, preßte die Buchdeckel mit den Handwurzeln zusammen. Dann legte er sie weg.
Er lehnte sich im Stuhl zurück, bis sich sein Kopf, aufgekratzt

von dem abgefeimten Potpourri, beruhigt hätte. Bevor es seinem Kopf nicht besserging und Stille eintrat, was allmählich auch geschah, konnte er gar nichts tun. Dann wagte er sich an die Überlegung, wie er weitermachen sollte. Irgendetwas zwang einen ja immer zum Weitermachen. Drei größere Verbindlichkeiten meldeten sich an. Zuerst das Mittagessen, dann der Hummer, dann der Italienischkurs. Das reichte zum Weitermachen erst einmal. Für die Zeit nach dem Italienischkurs fehlte ihm jede klare Vorstellung. Irgendein Plagegeist hatte ihm bestimmt ein Pensum für den späten Nachmittag und Abend aufgebrummt, er kannte es nur nicht. Darauf kam es auch gar nicht an. Worauf es ankam, war: eins, Mittagessen; zwei, Hummer; drei, Italienischkurs. Zum Weitermachen mehr als reichlich.

Das Mittagessen, falls es überhaupt gelang, war eine sehr heikle Angelegenheit. Um es genießen zu können, und ab und zu war es ein Hochgenuß, mußte er bei den Vorbereitungen absolute Ruhe haben. Wurde er hingegen dabei gestört, kam dann etwa ein munteres Plappermaul mit einem Bombeneinfall oder Bittgesuch hereingeplatzt, so konnte er das Essen gleich bleiben lassen, denn die Speise wurde dann zur Bitternis in seinem Munde, oder schlimmer noch, schmeckte nach gar nichts mehr. Er mußte strikt allein sein, brauchte unbedingte Stille und Abgeschiedenheit bei seinen Vorbereitungen für das Mittagsmahl.

Zunächst mußte die Tür abgeschlossen werden. Nun war er vor Überfällen sicher. Er wappnete sich mit einem alten *Herald* und strich ihn auf dem Tisch glatt. Das eher einnehmende Gesicht des Meuchelmörders McCabe starrte zu ihm herauf. Er zündete das Gas an, nahm den Brotröster, eine flache, quadratische Asbestmatte, vom Nagel und legte ihn genau über die Flamme.

Dann merkte er, daß er die Flamme zurückdrehen mußte. Toast darf auf keinen Fall zu rasch zubereitet werden. Toast wie er sein soll, durch und durch geröstet, braucht ein schwaches und stetiges Feuer. Sonst verkohlt er nur von außen, und die Krume bleibt pappig wie zuvor. Und nichts verabscheute Belacqua so sehr wie die Gräßlichkeit, durch ein Fiasko von Matsch und Teig mit den Zähnen aufeinander zu beißen. Dabei war die richtige Methode kinderleicht. So, dachte er, nachdem er die Gaszufuhr gedrosselt und den Grill zurechtgerückt hatte, bis ich mit dem Brotschneiden fertig bin, ist er gerade heiß genug. Nun wurde das lange Stangenbrot aus der Blechschachtel gezogen und auf McCabes Gesicht glatt abgesäbelt. Zweimal mit dem Sägemesser unerbittlich durchgeratscht, und ein Paar Scheiben rohes Brot, die Hauptbestandteile seines Mahls, lagen säuberlich vor ihm und harrten seiner gnädigen Entscheidung. Der Brotstumpf wanderte in sein Verlies zurück, die Krümel, als hätte es nie einen Spatzen auf der Welt gegeben, wurden hektisch weggefegt, die Schnitten gepackt und zum Grill befördert. Diese Zurüstungen erfolgten alle mit großer Sachlichkeit und Eile.

Von jetzt an war freilich wirkliches Geschick gefordert; denn an diesem Punkt begann beim Durchschnittskoch der große Murks. Belacqua legte die Wange an die weiche Krume, sie fühlte sich flauschig, warm, lebendig an. Aber der wollte er ihr samtenes Geschmeichel schleunigst abgewöhnen, die hatte ihn bei Gott die längste Zeit so fett und bleichgesichtig angeglotzt. Er drehte das Gas eine Spur kleiner und klatschte eine schlappe Scheibe auf das glühende Geflecht, haargenau in die Mitte, sodaß das Ganze der japanischen Flagge glich. Da der Platz nicht reichte, beide Scheiben nebeneinander gleichmäßig durchzurösten – und wenn sie nicht gleichmäßig durchgeröstet waren, hätte man sich die Mühe sparen können, sie überhaupt zu rösten –, legte er die andere Scheibe zum Vorwärmen darüber. Als der erste Kandidat abgefertigt war, das heißt bis ins Mark schwarzgebrannt, trat er seinen Platz an den Gefährten ab und lag nun seinerseits zuoberst, totgeröstet, verkohlt und qualmend da, bis auch für diesen Gleiches galt.

Dem Ackermann dünkte die Deutung leicht, er hatte sie von

seiner Mutter. Die Flecken waren Kain mit seinem Dornenbündel, enterbt und von der Erde fortgeflucht, unstet und heimatlos. Der Mond war sein gezeichnetes und untröstliches Gesicht, versehrt vom Urbrandmal der göttlichen Barmherzigkeit, die dem Ausgestoßenen den schnellen Tod versagt. Der Ackermann hatte da mancherlei verwechselt, aber das machte nichts. Seine Mutter hatte sich damit begnügt, warum sollte er es besser haben.

Belacqua kniete vor der Flamme, beugte sich gebannt über den Grill und überwachte die Röstung in jedem Stadium. Sie brauchte ihre Zeit, aber was lange währt, wird endlich gut, ein wahres Wort. Noch bevor das Ende nahte, hatte sich das Zimmer mit Qualm und Brandgeruch gefüllt. Dann hatten Menschensorgfalt und -geschick ihr möglichstes getan. Er drehte das Gas ab und verstaute den Toaster zurück an seinen Platz: ein klarer Fall von Sachbeschädigung, denn er sengte damit ein langes Brandmal in die Tapete. Vandalismus, wie er im Buche steht. Ihn kümmerte das einen Dreck. Gehörte die Wand denn ihm? Seit fünfzig Jahren klebte da dieselbe trübselige Tapete, aschfahl vor Alter. Sie zu verunzieren war ausgeschlossen.

Als nächstes wurde eine dicke Paste aus Mostrich, Salz und Cayenne in jede Scheibe gründlich eingespachtelt, solange die Poren noch vor Hitze offenstanden. Keine Butter, Gott bewahre, nur eine saftige Ladung Senf, Salz und Pfeffer auf jede Schnitte. Butter war Pfusch, das machte den Toast bloß labbrig. Buttertoast, das mochte das Rechte sein für Ordinarien und Heilsarmisten, die außer falschen Zähnen nichts im Kopfe hatten. Für einen leidlich stämmigen jungen Rosenstock wie Belacqua taugte dergleichen nicht. Der wollte sein Mahl nach solch penibler Zubereitung mit soviel Verzückung und Siegesrausch verschlingen, als schlüg er den beschlitteten Polacken auf das Eis. Mit zugekniffenen Augen wollte er danach schnappen, es zu Brei zermalmen, ihm mit den Hauern vollends den Garaus machen. Dann die Qualen der Ätzung,

die Pein stechender Gewürze, in denen jeder Bissen verglomm und den Gaumen ausglühte, bis die Tränen kamen.
Doch war er dafür noch nicht ganz gerüstet, es gab zuvor noch viel zu tun. Er hatte seine Opfergabe verbrannt, bevor sie wohlgefällig zugerichtet war. Ja, da hatte er den Karren vor den Gaul gespannt.
Er klatschte das eine Röstbrot auf das andere, er schlug sie schwungvoll wie Zimbeln aneinander, sodaß der zähe Schmer des Mostrichs sie zusammenbuk. Dann wickelte er sie fürs erste ins nächstbeste Stück Altpapier und sammelte sich für den Ausgang.
Nur nicht angesprochen werden! Das war jetzt das Entscheidende. Eine Aufhaltung beim derzeitigen Stand der Dinge, das Ärgernis einer auf ihn abgelassenen Redeflut: die reine Katastrophe. Mit seinem ganzen Wesen drängte es ihn den Freuden zu, die seiner harrten. Eine Belästigung, und er konnte sein Mittagessen ebensogut in die Gosse werfen und stracks wieder nach Hause gehen. Sein Heißhunger auf diese Mahlzeit, der, fast überflüssig zu bemerken, mehr einer des Geistes als des Leibes war, hatte sich manchmal schon zu solcher Raserei gesteigert, daß er auf jeden Vorwitzigen, der ihn in seinem Lauf gehemmt oder gehindert hätte, stracks mit Fäusten losgegangen wäre, er hätte ihn ohne Federlesens aus dem Weg gerempelt. Wehe dem Tolpatsch, der ihm in die Quere kam, wenn er für sein Mahl gerüstet war.
Mit gesenktem Kopf lenkte er seine Schritte rasch durch ein vertrautes Gewirr von Gassen und duckte sich plötzlich durch eine Ladentür. Das Krämerehepaar zeigte keine Überraschung. Er kam fast täglich ungefähr um diese Zeit derart von der Straße hereingeschossen.
Die Käsescheibe lag bereit. Vom Laib abgetrennt, wartete sie schon seit dem Morgen nur darauf, daß er sie holen kam. Gorgonzola. Er kannte einen aus Gorgonzola, namens Angelo. In Nizza zwar geboren, doch in Gorgonzola aufgewachsen. Belacqua wußte wohl, wo sie zu finden war. Jeden Tag lag sie im

selben Eck und wartete auf ihre Abholung. Hochanständige, hilfsbereite Leute das.
Er besah sich das Stück Käse argwöhnisch. Er drehte es um; vielleicht nahm es sich von rückwärts besser aus? Von rückwärts nahm es sich noch schlimmer aus. Sie hatten es mit der Schauseite nach oben hingelegt, diesen kleinen Schwindel hatten sie sich zugestanden. Wer konnte ihnen den verdenken? Er rieb mit dem Finger darüber. Es schwitzte. Immerhin. Er bückte sich und roch daran. Ein zarter Verwesungsduft. Wozu denn das? Er brauchte kein Bouquet, er war kein Trüffelschwein verdammt nochmal, er brauchte einen ehrlichen Gestank. Einen ehrlich grünen, verstunkenen und verfaulten Klumpen Gorgonzola brauchte er, in dem es wimmelte, und würde dafür sorgen, daß er ihn bekam.
Er maß den Krämer grimmig.
»Was soll das?« fragte er.
Der Krämer wand sich.
»Nun?« fragte Belacqua, der, wenn ihm der Kamm schwoll, die Furcht verlor, »mehr haben Sie nicht zu bieten?«
»Stadtauf, stadtab«, sagte der Krämer, »finden Sie in Dublin momentan nichts Verfaulteres.«
Belacqua kochte. Der aufsässige Hundsfott, für zwei Heller hätte er ihn abgemurkst.
»So geht das nicht!« rief er. »Verstehen Sie, so geht das keinesfalls. Ich nehme das nicht hin.« Er knirschte mit den Zähnen.
Der Krämer hätte sich wie Pilatus die Hände in Unschuld waschen können; stattdessen warf er die Arme zu einer wilden, flehentlichen Geste aus, wie ein Gekreuzigter. Mürrisch wikkelte Belacqua sein Päckchen auf und ließ das leichenfahle Käserechteck zwischen die kalten, schwarzen Sargbretter seiner Brote gleiten. Er stapfte zur Tür, fuhr aber dann doch noch einmal herum.
»Verstanden?« rief er.
»Bitte«, sagte der Krämer. Es lag weder Frage noch Zustim-

mung darin. Unmöglich ließ der beiläufige Ton erraten, was der Kerl sich dachte. Das war höchst scharfsinnig pariert.
»Ich sage Ihnen«, rief Belacqua hitzig, »daß es so nicht geht. Auf keinen Fall. Wenn das alles ist, was Sie zu bieten haben«, dabei hob er das Päckchen hoch, »dann werde ich mir meinen Käse anderswo besorgen müssen. Merken Sie sich das.«
»Bitte«, sagte der Krämer.
Er kam mit bis zur Ladentür und sah seinem erbosten Kunden nach, der wie ein spatlahmer Gaul davonhinkte. Belacquas Füße waren Wracks, die ihn fast ständig peinigten. Sogar nachts führten sie das Werk der Hühneraugen und Hammerzehen weiter fort. Da stemmte er sich dann mit ihren Ausläufern verzweifelt gegen das Bettstattgitter oder, besser noch, griff hinunter und zerrte sie mit aufgebogenem Rist nach oben. Mit Geschick und Ausdauer ließ sich der Schmerz vertreiben, aber was halfs, die Nachtruhe war davon doch beeinträchtigt.
Ohne die Augen zuzukneifen oder sie von der entschwindenden Gestalt abzuwenden, schneuzte sich der Krämer in den Schürzenzipfel. Als Mann von Menschlichkeit und Herz rührte und erbarmte ihn der Sonderling, der stets so bedrückt und kränklich wirkte. Aber er blieb dabei doch der kleine Kaufmann, wohlgemerkt, mit dessen Sinn für Selbstachtung und klarer Sicht der Dinge. Ein Fuffziger – er warf ihn hoch –, für einen Fuffziger Käse am Tag, ganze drei Mäuse die Woche. Nein, dafür ging er keinem um den Bart, und wäre er der Papst persönlich. Er hatte auch noch seinen Stolz.
Wie Belacqua so auf verschlungenen Wegen zu dem bescheidenen Wirtshaus stolperte, wo er nicht unerwartet eintrat, insofern als seine groteske Erscheinung dort weder Kommentar noch Gelächter auslöste, bezähmte er allmählich wieder seinen Jähzorn. Nun, da sein Mittagessen schon fast zum fait accompli gediehen war – denn nur selten verunsicherten die sphinkterschwachen Ohrenbläser seines eigenen Standes mit ihrem Dauerdrang, einem ihren Bombeneinfall oder eine Verabredung aufzuschwatzen, dieses unansehnliche Viertel –

konnte er es sich leisten, die Punkte zwei und drei, den Hummer und den Kurs, genauer zu erwägen.
Viertel vor drei mußte er in der Schule sein. Na also gut, um fünf vor drei. Um halb drei schloß das Wirtshaus; dann machte auch der Fischhändler wieder auf. Vorausgesetzt also, daß seine Tante, das alte Miststück, ihre Bestellung am Morgen beizeiten aufgegeben hatte, und zwar mit der strengen Auflage, das Ding auf Abruf auch bereitzuhalten, sodaß ihr Lump von Neffe auf keinen Fall zu warten hätte, wenn er gleich nach Ladenöffnung dort vorbeischaute, brauchte er das Wirtshaus erst bei Torschluß zu verlassen, um noch rechtzeitig da zu sein; er konnte bis zuletzt dort sitzen bleiben. Benissimo. Er hatte noch eins fünfzig. Das reichte für zwei Halbe vom Faß ohne weiteres; dann vielleicht noch ein Flaschenbier zur Krönung. Das abgefüllte Helle war dort nämlich besonders gut und süffig. Und für das Wechselgeld bekam er obendrein noch einen *Herald* und einen Trambahnfahrschein, sollten ihn Ermüdung oder Zeitnot dazu zwingen. Immer vorausgesetzt natürlich, der Hummer lag zur Übergabe auch bereit. Diese verfluchten Krämerfritzen, dachte er, es ist einfach kein Verlaß auf sie. Er hatte keine einzige Lektion gelernt, aber das machte nichts. Die Professoressa war ja so überaus charmant und ungewöhnlich. Signora Adriana Ottolenghi! Eine Frau von höherer Intelligenz und Bildung als die kleine Ottolenghi überstieg sein Denkvermögen. Darum hatte er sie innerlich auch aufs Podest erhoben, von allen Frauen abgerückt. Beim letzten Mal hatte sie ihm angekündigt, sie würden Il Cinque Maggio miteinander lesen. Aber sie war sicherlich auch nicht gekränkt, wenn er seiner Absicht folgte und ihr eingestand – auf italienisch, in einer glanzvollen Periode, die er auf dem Weg vom Wirtshaus zu verfertigen gedachte –, daß er den Cinque Maggio lieber auf ein andermal verschoben hätte. Manzoni war ein altes Waschweib, Napoleon genauso. Napoleone di mezza calzetta, fa l'amore a Giacominetta. Warum kam ihm Manzoni wie ein Waschweib vor? Weshalb nur tat er ihm so unrecht? Und Pellico auch. Lauter alte Jungfern, Blaustrümpfe. Das mußte er

seine Signorina fragen, woher bei ihm wohl der Eindruck rührte, daß durch das neunzehnte Jahrhundert in Italien nichts wie alte Hennen fluderten, die wie Pindar glucksen wollten. Carducci gleichfalls. Und wie sich das mit den Flecken auf dem Mond verhielt. Wenn sie die Antwort nicht parat hatte, machte sie das sicher, und nur allzu gerne, in der nächsten Stunde wieder wett. Damit hatte er alles geordnet und war wohlgerüstet. Mit Ausnahme, wie sich versteht, des Hummers, der notwendig ein unberechenbarer Faktor blieb. Da konnte er nur das Beste hoffen. Und sich auf das Schlimmste gefaßt machen, dachte er übermütig und duckte sich durch die Wirtshaustür, wie es sein Brauch war.

Belacqua ging aufs Schulhaus zu, in bester Laune, denn alles war gelaufen wie geschmiert. Das Mittagessen hatte sich als beachtlicher Erfolg erwiesen und würde ihm als Vorbild noch lange haften bleiben. Ja, er konnte sich gar nicht ausmalen, wie es jemals übertroffen werden sollte. Ein so bleiches, seifiges Stück Käse, und dabei diese Strenge! Da blieb ihm nur der Schluß, daß er all die Jahre sich selbst genasführt hatte mit der Meinung, daß Käse je grüner, umso stärker war. Man lernt nie aus, ein wahres Wort. Und zudem hatten seine Zähne und Kiefer über die Splitter aufgejubelt, in die der zermalmte Toast bei jedem Zubiß auseinanderschoß, als hätte er Glas zerknirscht. Der ganze Mund stach und glühte ihm noch von dieser Feuertaufe. Die letzte Würze hatte der Nahrung dann die Neuigkeit verliehen, die ihm Berthold der Besserwisser über die Theke hinweg mit tragisch tiefer Stimme anvertraute: Das Gnadengesuch des Mörders von Malahide, vom halben Land mit unterschrieben, sei abgeschmettert worden; am Morgen müsse der Mann in Mountjoy baumeln, nichts könne ihn mehr retten. Der Henker Ellis habe sich schon auf den Weg gemacht. Belacqua verbiß sich in die Stulle, goß achtlos das kostbare Helle in sich hinein und sann über McCabe in seiner Zelle nach.

Der Hummer hatte schließlich doch bereitgelegen, wurde prestissimo vom Händler ausgehändigt, und wie freundlich der dabei noch lächelte! Mit etwas Höflichkeit und gutem Willen ging doch wirklich alles leichter. Ein Lächeln und ein Scherzwort von einem schlichten Arbeiter, und schon sah die Welt heller aus. Nichts einfacher als das – eine bloße Frage gut beherrschter Muskeln.
»Japsnoch«, sagte der Händler aufgeräumt und reichte ihn hinüber.
»Japsnoch?« fragte Belacqua. Was konnte das wohl heißen?
»Japsnoch«, sagte der Mann, »taufrisch vom letzten Fang.«
Taufrisch – das hatte Belacqua von Makrelen und anderen Meerestieren sagen hören, die vor nicht mehr als ein, zwei Stunden gefangen worden waren, und entsprechend verstand er den Menschen so, daß der Hummer erst seit kurzem tot war.
Die Signorina Adriana Ottolenghi erwartete ihn in dem kleinen Vorraum der Eingangshalle, den Belacqua selbstredend längst zum Vestibül ernannt hatte. Es war ja ihr Zimmer, das italienische. Dann kam, auf derselben Seite weiter hinten, das französische. Das deutsche lag weiß Gott wo. Aber wen scherte schon das deutsche Zimmer?
Er hängte Hut und Mantel auf, legte das lange, buckelige, grob eingeschlagene Päckchen auf den Dielentisch und trat ungesäumt bei der Ottolenghi ein.
Nach ungefähr einer halben Stunde smalltalk beglückwünschte sie ihn zu seiner Sprachbeherrschung.
»Sie machen rasche Fortschritte«, sagte sie mit ihrer erstorbenen Stimme.
Die Ottolenghi hatte soviel von sich bewahrt, wie es bei einer Frau von gewissen Jahren zu erwarten steht, der Jugend, Schönheit und ein keusches Leben noch mehr als alles andere zum Hals herausgehangen hatten.
Belacqua verhehlte seine tiefe Freude und unterbreitete ihr das Mondrätsel.
»Ja«, sagte sie. »Ich kenne die Stelle. Eine berühmte harte Nuß.

Mir ist die Antwort aus dem Stegreif nicht geläufig, aber ich will gern zu Hause nachschlagen.«
Das liebe Wesen! Nachschlagen wollte sie zu Hause in ihrem dicken Dante! Eine wunderbare Frau!
»Ich weiß nicht, was mich darauf bringt«, sagte sie, »aber es könnte Ihnen nicht schaden, einmal Dantes seltene Mitleidsregungen in der Hölle zusammenzustellen. Das war seinerzeit« – ihre Vergangenheitsformen klangen stets wehmütig – »eine beliebte Examensfrage.«
Er legte das Gesicht in tiefsinnige Falten.
»Mir fällt in diesem Zusammenhang jedenfalls ein grandioses Wortspiel ein«, sagte er, »›qui vive la pietà quando è ben morta . . .‹«
Sie schwieg.
»Ist das nicht meisterhaft gesagt?« plapperte er weiter.
Sie schwieg.
»Da frage ich mich doch«, sagte er, nun ganz vernagelt, »wie man das wohl übersetzen könnte?«
Sie schwieg noch immer. Dann, mit leiser Stimme:
»Muß man es denn unbedingt übersetzen?«
Geräusche wie von einem Wortgefecht drangen aus der Eingangshalle. Dann Stille. Knöchel klopften einen Trommelwirbel an die Tür, die aufflog, und siehe, Mlle Glain war da, die Französischlehrerin, die mit ausgestülpten Stielaugen und im Zustand höchster Erregung ihre Katze umklammert hielt.
»Oh«, stieß sie hervor, »Verzeihung. Ich störe, aber was war in der Tüte?«
»Der Tüte?« fragte die Ottolenghi.
Mlle Glain trat à l'ingénue nach vorn.
»Das Päckchen«, sie vergrub das Gesicht in der Katze, »das Päckchen in der Eingangshalle.«
Belacqua behielt die Fassung.
»Es gehört mir«, sagte er. »Ein Fisch.«
Er wußte das französische Wort für Hummer nicht. Fisch reichte längst. Jesus Christus, Heiland und Gottessohn, hatte

sich mit Fisch begnügt, warum sollte Mlle Glain es besser haben?

»Oh«, sagte Mlle Glain, unaussprechlich erleichtert. »Ich kam gerade noch zurecht.« Sie verabreichte der Katze einen Klaps. »Sie hätte ihn glatt zerschleißt.«

Belacqua war nun doch etwas besorgt.

»Hat sie sich schon darüber hergemacht?« fragte er.

»Nein, nein«, sagte Mlle Glain, »ich habe sie gerade noch erwischt. Aber da ich nicht ahnte, was darin war« – dies unter Sufragettengekecker –, »wollte ich mich doch erkundigen –«

Die hundsgemeine Schnüfflerin.

Die Ottolenghi war leicht erheitert.

»Puisqu'il n'y a pas de mal ...«, sagte sie in erlesener Ermattung.

»Heureusement«, der Ton bewies, Mlle Glain war fromm – »heureusement.«

Sie züchtigte die Katze mit leichten Patscherchen und verzog sich. Ihre ergraute Altjungfernschaft schrie auf Belacqua ein. Eine nieerweckte Frauenrechtlerin, fromm und scharf auf einen Groschenskandal.

»Wo waren wir?« fragte Belacqua.

Auch neapolitanische Geduld hat ihre Grenzen.

»Wo sind wir je?« rief die Ottolenghi. »Wo wir immer waren, wie wir immer waren.«

Belacqua schritt auf das Haus seiner Tante zu. Lassen wir es lieber Winter sein, damit nunmehr die Dämmerung niedersinken und der Mond aufsteigen kann. An der Straßenecke lag ein gestürztes Pferd; ein Mann hatte sich auf seinen Kopf gesetzt. Ich weiß, dachte Belacqua, das soll man in solchen Fällen tun. Aber warum? Ein Laternenmann sauste auf dem Fahrrad vorbei, senkte die Lanze vor dem Lampenpfosten, und von dem Tjost stiebte ein kleines gelbes Licht in den Abend. Ein Liebespaar in ärmlicher Kleidung stand in einer pompösen Auffahrt. Sie lehnte schlaff am Torgitter, mit gesenktem Kopf, er hatte sich dicht an sie gedrängt und ließ die Hände seitlich baumeln. Wo wir waren, dachte Belacqua, wie wir waren. Er umklammerte sein Päckchen und ging weiter. Warum nicht Mitleid und Frömmigkeit zugleich, auch schon hienieden? Warum nicht Erbarmen und Gottesfurcht in einem? Ein wenig Barmherzigkeit bei der mühseligen Opfertat, um zu frohlocken wider das Gericht? Er dachte an Jonas und den Kürbis, an einen eifersüchtigen Gott, der über Ninive hatte Gnade walten lassen. Und an den armen McCabe, dem es zum Morgengrauen an den Kragen ging. Wie fühlte der sich jetzt, was trieb er? Er konnte sich nur noch auf eine Mahlzeit freuen, auf eine Nacht.

Seine Tante stand im Garten und hegte alle Blumen, die zu dieser Jahreszeit verdorren. Sie umarmte ihn, dann stiegen sie zusammen hinunter in den Schoß der Erde, die Küche im Souterrain. Sie nahm ihm das Päckchen ab, schnürte es auf, und jäh lag der Hummer auf dem Tisch, dem Wachstuch, hüllenlos.

»Er ist garantiert frisch«, sagte Belacqua.

Plötzlich sah er das Wesen und geschlechtslose Geschöpf sich regen. Es veränderte unzweifelhaft die Lage. Seine Hand fuhr zum Mund.

»Verdammter Mist«, sagte er, »er lebt noch.«

Seine Tante betrachtete den Hummer. Wieder zuckte er in einer schwachen Lebensregung auf dem Wachstuch. Über ihn gebeugt, sahen sie auf seine preisgegebene Kreuzgestalt hinunter. Er erschauerte von neuem. Belacqua spürte, wie ihm übel wurde.

»Um Gotteswillen«, wimmerte er, »er lebt noch, was machen wir jetzt bloß?«

Die Tante mußte herzlich lachen. Geschäftig lief sie in die Speisekammer, während er weiter auf den Hummer stierte; als sie zurückkam, hatte sie sich eine schmucke Schürze umgebunden und die Ärmel hochgekrempelt, die Zielstrebigkeit in Person.

»Nun«, sagte sie, »das will ich auch stark hoffen.«

»Von heute früh bis jetzt«, murmelte Belacqua. Dann gewahrte er ihre scheußlichen Gerätschaften. »Was hast du vor?« rief er.

»Abkochen, den Kerl«, sagte sie, »was sonst?«

»Aber er ist noch nicht tot«, lehnte sich Belacqua auf, »so kann man ihn nicht kochen.«

Sie sah ihn verdutzt an. Hatte er den Verstand verloren?

»Sei nicht kindisch«, sagte sie scharf, »Hummer kocht man immer lebend. Das ist nun einmal so.« Sie packte den Hummer und legte ihn auf den Rücken. Er zitterte. »Sie spüren nichts«, sagte sie.

In den Tiefen des Meeres war er in den fühllosen Kübel getappt. Noch stundenlang hatte er verstohlen inmitten seiner Feinde Luft geschöpft. Er hatte die Katze der Französin wie Belacquas hirnlosen Klammergriff überstanden. Jetzt wurde er im siedenden Wasser zutodgebrüht. Es ging nicht anders. Nimm meinen leisen Odem in den Wind.

Belacqua sah ihr in das alte, pergamentene Gesicht, grau im Dämmerlicht der Küche.

»Du quengelst«, sagte sie, »machst mich nervös, und dann beim Essen stürzt du dich darauf.«

Sie lüpfte den Hummer vom Tisch. Er hatte noch knapp dreißig Sekunden zu leben.

Nun ja, dachte Belacqua, es ist ein rascher Tod, Gott steh uns allen bei.

Von wegen rasch.

# Fingal

Die letzte, mit der er ging, bevor ihn ein denkwürdiger Lachanfall als Galan für einige Zeit außer Gefecht setzte, war hübsch, scharf und schlagfertig, in dieser Reihenfolge. Und so nahm er sie eines schönen Frühlingsvormittags mit hinaus aufs Land zur wahrhaft ländlichen Feltrim-Höhe. Kaum waren sie knapp vor dem Schloßwald von der Straße Dublin-Malahide nach Osten abgebogen, da kam sie in Sicht, ein bloßer Buckel, mit einer verfallenen Windmühle darauf, Horste von verkrüppeltem Ginster- und Brombeergestrüpp passim auf sanften Hängen. Die hohe Ruine machte sie meilenweit zum Blickfang. Der Wolfsberg.

Sie waren noch nicht lange oben, da überfiel ihn die Tristesse des omne animal. Sie aber war allem Anschein nach bei bester Laune, genoß die warme Sonne und den Ausblick.

»Die Dubliner Berge«, sagte sie, »schaun sie nicht wunderhübsch aus, so verträumt.«

Nun spähte Belacqua aber gerade eifrig in die andere Richtung, über die Flußmündung.

»Das kommt vom Ostwind«, sagte er.

Sie bestaunte nacheinander dies und jenes, den Höhenkamm der Insel Lambay, der aus dem braunen Schloßwald ragte, Ireland's Eye, das einem Haifisch glich, und die lachhaften Hukkelchen dahinten ganz im Norden, wie hießen die?

»Der Naul«, sagte Belacqua. »Du willst im Ernst den Naul nicht kennen?« Dies im schockierten Tonfall der weitgereisten alten Jungfer: ›Sie waren doch wohl nicht in Venedig (mit Reim auf schwedisch) und haben die Quadriga verpaßt?‹ ›Sie sind allen Ernstes durch Chambéry gekommen und haben Mme de Warens nicht aufgesucht?‹

»Fingal fade?« sagte er. »Winnie, ich muß mich wundern über dich.« Gemeinsam betrachteten sie Fingal eine Weile und schwiegen. Seine von Buchten und Marschland zernagte Küste, der Fleckenteppich kleiner Felder, Gehölze wie aufgeschossenes Unkraut, die Hügelkette zu niedrig, um den Ausblick zu begrenzen.

»Dabei ist es ein Zauberland«, seufzte er, »wie Saône-et-Loire.«
»Das sagt mir gar nichts«, meinte Winnie.
»Aber ja doch«, sagte er, »bons vins et Lamartine, Savannenland für die Grübler und Gramgebeugten, kein läppischer Kleinkinderhort wie Wicklow.«
Du spielst dich mächtig auf mit deiner Stippvisite drüben, dachte Winnie.
»Du mit deinen Grüblern und Gramgebeugten«, sagte sie, »mußt du denn ewig davon anfangen?«
»Na gut«, sagte er, »dann geb' ich dir den Alphonse.«
Den könnte er behalten, gab sie zurück. Langsam braute sich etwas Ungutes zusammen.
»Was hast du da im Gesicht?« fragte sie scharf.
»Blasengrind«, sagte Belacqua. Der hatte sich nachts mit fürchterlichem Jucken angekündigt, und am Morgen wars soweit. Nicht lange, dann wurde ein Schorf daraus.
»Und du küßt mich noch«, rief sie, »mit sowas im Gesicht.«
»Hab ich nicht dran gedacht«, sagte er. »Ich bin dabei zu aufgeregt.«
Sie spuckte in ihr Taschentuch und wischte sich den Mund. Belacqua lag zerknirscht neben ihr und machte sich darauf gefaßt, daß sie nun aufsprang und ihn sitzenließ. Aber stattdessen sagte sie:
»Was ist das eigentlich? Wovon bekommt man es?«
»Dreck«, sagte Belacqua. »Im Slum siehst du es bei jedem Kind.«
Ein langes betretenes Schweigen folgte diesen Worten.
»Pul nicht dran, Liebling«, sagte sie schließlich unvermittelt, »davon wird es nur noch schlimmer.«
Belacqua fühlte sich gelabt wie von einem Trunk Wasser im Verlies. Daß sie ihm wohlgesonnen war, mußte ihm also doch etwas bedeutet haben. Um seine Verwirrung zu verbergen, kam er auf Fingal zurück.
»Ich steige oft auf diese Höhe«, sagte er, »um Fingal vor mir zu

haben, und jedesmal erscheint es mir weitab vom Schuß, eine Freistatt, ein Land, für das man sich nicht feinzumachen braucht, wo man mit Hausjacke und Zigarre ausgehen darf.« Der reinste Geysir, dachte sie. »Und das viel geheimes Leid mitangesehen hat, sonderlich von Frauen.«
»Das träumst du alles bloß«, sagte sie. »Ich sehe nur drei Weiden mit Kühen drauf. Kein Cincinnatus ohne Furche.«
Jetzt schmollte sie, und er war der Glückliche.
»Ach Winnie«, griff er ins Ungefähre, um sie an ihrer Aufrichtigkeit zu packen, denn alles übrige von ihr lag ja schon vor ihm hingestreckt im Gras, »du wirkst im Augenblick sehr römisch.«
»Er liebt mich«, scherzte sie im Ernst.
»Jetzt zieh noch einen Flunsch«, bettelte er, »sei nur recht römisch, so führe ich dich über die Flußmündung.«
»Und dann ...?«
Und dann! Winnie, besinne dich!
»Wie ich sehe«, sagte er, »besinnst du dich. Sollen wir einen Vertrag aufsetzen?«
»Nicht nötig«, sagte sie.
Er war Wachs in ihren Händen, sie bog ihn nach Belieben hin und her. Doch hatte sich der Widerstreit in ihrer beider Stimmung jetzt gelegt, und so erschien auf einmal alles irgendwie gemütlich. Sie schaute lang in die umstrittene Gegend, und er zwang sie durch bloße Willenskraft weiter zum Stillesein und einer ernsten Miene, eine stumme puella in einer verschwommenen Welt. Aber dann sprach sie doch (wer bringt sie je zum Schweigen?) und meinte, sie könnte hier nur lauter graue, von Leibeigenen bestellte Felder und die Festungswälle verstoßener Günstlinge sehen, weiter nichts. Sehen! Wenn es zur Probe kam, war eine wie die andere – blinde Hennen allesamt. Die sah doch höchstens was, wenn sie die Augen schloß! Da wollte er das Thema lieber gleich begraben ohne weiteren Versuch, sich mitzuteilen. Fingal blieb in sein Inneres eingesperrt. Das war auch besser so.

»Schau«, sagte er und deutete.
Sie blinzelte, damit sie schärfer sah.
»Der große rote Bau«, sagte er, »am andern Ufer, mit den Türmen.«
Sie glaubte endlich zu erkennen, was er meinte.
»Ganz dahinten«, fragte sie, »der mit dem runden Turm?«
»Kennst du den?« sagte er. »Da hängt nämlich mein ganzes Herz daran.«
Nun ja, dachte sie, wenigstens spielst du mit offnen Karten.
»Nein«, sagte sie, »mir kommt es vor wie eine Brotfabrik.«
»Die Irrenanstalt Poltrane«, sagte er.
»Ach«, sagte sie, »ich kenne einen Arzt dort.«
Und weil somit auf ihn sein Herz, auf sie ein Freund in Poltrane wartete, einigten sie sich auf einen Marsch dorthin.
Sie umrundeten die Trichtermündung ganz, bestaunten das Theorem der Schwäne und die Wasserhühner, über die Dünen und am Martello-Turm vorbei, sodaß sie Poltrane südwärts und von der See her erreichten, nicht wie im Auto über die Eisenbahnbrücke und die scheußliche rote Kapelle von Donabate. Die Gegend stand so voller Türme wie die Kirchenstadt Dun Laoghaire: das Martello-Paar, die roten der Anstalt, der runde und der Wasserturm. Unwissentlich vorschriftswidrig, denn das Verbotsschild stand weiter zur Küstenwache hin, stiegen sie die Anhöhe zum runden Turm hinauf. Sie liefen den Wiesenrain eines umgepflügten Felds entlang, bis sie auf ein Fahrrad stießen, das halb versteckt unter den wuchernden Halmen lag. Belacqua, der einem Fahrrad unter keinen Umständen widerstehen konnte, hielt diesen Fundort für ausgesprochen sonderbar. Der Besitzer stand auf dem Acker und kratzte mit einer Harke in den dürren Furchen.
»Gehts hier zum Turm?« rief Belacqua.
Der Mann wandte den Kopf.
»Kommen wir so zum Turm hinauf?« rief Belacqua.
Der Mann richtete sich auf und deutete.
»Immer der Nase nach«, sagte er.

»Über die Mauer?« rief Belacqua. Er hätte nicht zu schreien brauchen, wäre auch im Sprechton über das stille Feld hinweg zu hören gewesen. Aber er wollte sich unbedingt verständlich machen, und der Gedanke, sich wiederholen zu müssen, schreckte ihn derart, daß er nicht nur die Stimme hob, sondern auch in eine möglichst breite Aussprache verfiel. Winnie war befremdet.

»Stell dich nicht an wie ein Idjoot«, sagte sie, »wenns gradeaus geht, gehts auch die Mauer rüber.«

Doch der Mann hörte es anscheinend gern, wenn von der Mauer die Rede war, oder freute sich vielleicht auch nur über die Gelegenheit zu einer Verschnaufpause, denn er ließ seine Harke fallen und kam zu ihnen hergestapft. Er war durchaus unauffällig. Sie müßten geradeaus, ja über die Mauer drüber, sagte er, dann kämen sie hinter dem Feld zum Turm, oder aber sie könnten zurück zur Straße, und ihr nach bis zum Bankett, und auf dem Bankett dann weiter. Auf dem Bankett? Gehörte der Mann auch zu den leicht Hirngeschädigten? Belacqua fragte, ob der Turm alt wäre. Das war er nicht, dazu brauchte er keinen Baedeker. Der Mann sagte, er wäre aus Wohltätigkeit im großen Hungerjahr erbaut worden, hätte er gehört, von einer Mrs. Sowieso, an deren Namen er sich nicht erinnerte, ihrem Gemahl zu Ehren.

»Nun, Winnie«, sagte Belacqua, »über die Mauer oder das Bankett hinauf?«

»Selten guter Blick auf Lambay von dort oben«, sagte der Mann.

Winnie war für die Mauer, sie hielt den Weg für kürzer, jetzt wo sie schon so weit gelaufen waren. Der Mann begann, das nachzurechnen. Belacqua war selber schuld, wenn sie nie mehr loskamen von dieser Menschmaschine.

»Aber ich hätte zu gern das Bankett gesehen«, sagte er.

»Und gradeaus«, sagte Winnie, »jetzt wo wir schon so weit gelaufen sind, und später das Bankett hinunter, wie wäre das?«

Sie waren sich einig, Belacqua und der Mann: Solche Rechnun-

gen gingen nur für Frauen auf. Auf einmal verband sie etwas miteinander.
Der Turm ließ sich gut an; das war der Leichenschmaus. Aber von der Tür aufwärts kam nur noch die Wohltat und keine Ehre, das war die Hochzeitstafel.
Sie waren noch nicht lange oben, da überfiel Belacqua von neuem die Tristesse des omne animal. Sie setzten sich ins Gras mit dem Gesicht zum Meer, die Anstalt weit unten hinter ihnen.
»Stimmt«, sagte Winnie, »so nah ist mir Lambay noch nie vorgekommen.«
Belacqua sah den Mann eifrig seine Furche kratzen und sehnte sich plötzlich zu ihm in den Lehm hinunter, um mit anzupakken. Er verbiß sich alle Erklärungen für das, was sich jetzt anbahnte, und betrachtete stattdessen den sanften Zweiklang von Gelb am Abhang, Ginster und Greiskraut einander beigesellt.
»Die wunderhübschen Ruinen«, sagte Winnie, »da links, mit Efeu überwachsen.« Die einer Kirche nämlich, und zwei kleine Felder weiter, eines viereckigen, nicht umfriedeten Turms.
»Davon«, sagte Belacqua, »bekomme ich sursum corda.«
»Dann gehen wir doch lieber weiter«, sagte Winnie wie der Blitz.
»Dieser widersinnige Turm«, sagte er, nun, da er Bescheid wußte, »steht länger als die Anstalt, und noch nicht so lang wie die Ruinen.« Was er nicht sagte! »Die Mauerzinnen ergreifen mich so sehr –«
Die armen Irren strömten nun an die Sonne, die manierlicheren nach Lust und Laune, die übrigen herdenweise unter der Aufsicht eines Wärters. Ein Pfiff, und die Herde stand. Ein zweiter, und sie setzte sich in Gang.
»Ergreifen mich so sehr und in gleicher Art wie der Ton der Ziegelsteine an der alten Windmühle von Feltrim.«
Wer bringt sie je zum Schweigen?
»Sie haben einen rosa Stich«, sagte Belacqua, »und wie oft habe

ich als kleiner vollgefressener fetter Junge nicht dagesessen und mit Hammer und Stichel Zacken in rotes Tuch gestochen.«
»Dir fehlt doch nichts?« fragte Winnie.
Er hatte abgewirtschaftet, verlachte aber die Schlußfolgerung von Leib auf Seele als ein Non-sequitur.
»Offenbar werde ich alt und müde«, sagte er, »wenn die äußere Natur bei mir nun schon die innere ausgleichen muß, wie bei Jean-Jacques, der im Steinbrechgarten Wurzeln schlug.«
»Ausgleichen zu müssen sich den Anschein gibt«, sagte sie. Sie wußte nicht recht, was das heißen sollte, doch klang es gut.
»Und zudem zieht es mich mit Macht in meinen Dottersack zurück, auf ewig rücklings in der Dunkelheit.«
»Eine kurze Ewigkeit«, sagte sie, »mit Tag- und Nachtschicht.«
Scheußlich, die Wortklauberei der Frauen.
»Verflucht nochmal«, sagte er, »du weißt doch, was ich meine. Kein Rasieren, kein Gefeilsche, kein Frösteln und kein Kuddelmuddel, kein –« er angelte nach einem Ausdruck mit reicher Gefühlspalette – »kein verschwitztes Bett.«
Unten auf dem Spielplatz rechts von ihnen schossen ein paar Leichtgeschädigte mit einem Fußball auf das Tor. Andere schlenderten vor sich hin, allein oder in Knäueln, und ließen es sich an der Sonne wohl sein. Einer tauchte mit dem Kopf über der Mauer auf, daneben die Hände, in die er eine Wange legte. Ein anderer, gewiß Lammfrommer, stieg halb die Anhöhe herauf, verschwand in einer Mulde, kam alsbald wieder zum Vorschein, und lief denselben Weg zurück. Ein Dritter stand mit dem Rücken zu ihnen fuchtelnd vor der Mauer, die den Anstaltspark von ihrem Standort trennte. Eine Patientenrotte lief Runde um Runde um das Spielfeld. Unten zur Linken standen Arbeiterhäuser in langer Reihe, in den Gärten Spiel und Geplärr von Kindern. Sah man von der Anstalt ab, so blieb von Portrane außer Ruinen wenig.
Winnie bemerkte, ihr kämen die Irren ganz normal und manierlich vor. Belacqua gab ihr recht, doch fand er, daß der Kopf

auf der Mauer Bände sprach. Landschaften interessierten ihn nur als Vorwand für eine säuerliche Miene.
Plötzlich kam der Besitzer des Fahrrads mit der Harke in der Faust hügelaufwärts auf sie zugerannt. Er stürmte über die Mauer, durch den Zweiklang von Gelb, und stampfte über den Hügelrücken heran. Belacqua rappelte sich mit weichen Knien auf. Wer wollte ihm gewachsen sein, diesem Tobsüchtigen mit der Kraft von zehn Mann mindestens? Der schlug ihn glatt zu Brei mit seiner Harke und fiel dann über Winnie her. Im Näherkommen aber stürzte er von ihnen weg, sie konnten einen Augenblick lang sein Keuchen hören, bevor er sich über die Hügelflanke warf. Das Gefälle beschleunigte seine Talfahrt, bis er durch das Parktor schoß und hinter einem Häusereck verschwand. Belacqua lenkte seinen Blick zuerst auf Winnie und sah sie auf die Stelle starren, an der sich der Mann gleichsam in Luft aufgelöst hatte, dann auf den fernen Punkt, wo er ihn neiderfüllt in seiner Furche hatte kratzen sehen. Die Nickelspeichen des Fahrrads glitzerten in der Sonne.
Dann plötzlich Winken und Hallogeschrei von Winnie. Belacqua drehte sich um und sah einen Mann von der Anstalt forsch den Abhang heraufkommen.
»Dr. Sholto«, sagte Winnie.
Dr. Sholto war ein paar Jahre jünger als Belacqua, ein blasser, dunkelhaariger Mensch mit Denkerstirn. Er zeigte sich entzückt über ein – wie sollte er es nennen – so unverhofftes Vergnügen und in der Tat die Ehre, mit wem auch immer aus Miss Coates' Freundeskreis bekannt zu werden. Sie wollten ihm gewiß die Freude tun, ein wenig zu verweilen ...? Das hieß Schnaps. Aber Belacqua, der sein eigenes Süppchen kochen wollte, seufzte bedauernd und schüttelte eine lange, höfliche Erklärung aus dem Ärmel dahingehend, wie dringlich ihm an der persönlichen Überprüfung eines gewissen Punkts bezüglich der Kirche gelegen sei, sodaß er sich zwar eine Zusage namens Miss Coates erlaube, die von dem langen Fußmarsch von Malahide sicherlich angegriffen ...

»Von Malahide!« entfuhr es Dr. Sholto.
... er sich für seine Person jedoch entschuldige; man könne sich ja am Haupteingang der Anstalt wiedertreffen, in nun sagen wir einer Stunde, wie wäre das? Dr. Sholto äußerte tunlichste Bedenken. Winnie überlegte fieberhaft und schwieg.
»Ich gehe das Bankett hinunter«, sagte Belacqua umgänglich, »und komme auf der Straße dann zurück. Au revoir.«
Sie blieben einen Moment stehen und sahen ihm nach. Als er einen Blick zurück riskierte, waren sie verschwunden. Er ging in anderer Richtung weiter bis dorthin, wo das Fahrrad im Gras lag. Ein treffliches, leichtes Gerät mit Holzfelgen und roten Reifen. Als er den Ackerrain zur Straße hinunterrannte, hüpfte es unter seiner Hand neben ihm her. Er stieg auf, und so flogen sie bergab und um die Ecke, bis sie schließlich bei dem Zauntritt zu dem Feld anlangten, wo die Kirche stand. Das Ding fuhr sich wie Butter; rechts schäumte das Meer zwischen Felsen, die Sunde vor ihm waren in wiederum ein anderes Gelb getaucht, und darüber schimmerten in der Ferne die Fischerhäuser von Rush in reinem Weiß. Belacquas Tristesse fiel von ihm ab wie ein Überhang. Er trug das Fahrrad ins Feld und legte es ins Gras. Dann eilte er, ohne der Kirche auch nur einen Blick zu gönnen, querfeldein über eine Mauer und einen Graben und stand bald vor der ärmlichen Brettertür des Turms. Von ihrem barrikadierten Aussehen ließ er sich nicht schrekken. Ein Fußtritt öffnete sie mit Schwung, und er trat ein.
Dr. Sholto nutzte solang in seiner freundlich ausgestatteten Klause das Beisammensein mit Miss Winifred Coates zu seinem Besten. So hatte Portrane sie denn allesamt vereint, Winnie, Belacqua, sein Herz und Dr. Sholto, in Paarungen, die alle Beteiligten zufriedenstellten. In Winkelzügen solcher Art zeigt sich das Wohlwollen des Weltbewegers doch wohl unstrittig. Winnie behielt die Uhr im Auge und kam pünktlich mit ihrem Freund zum Haupteingang. Von ihrem anderen Freund nicht die Spur.
»Zu spät wie üblich«, sagte Winnie.

Hinsichtlich Belacquas fühlte Sholto nichts als Groll.
»Tja«, sagte er, »er schmirgelt wohl gerade einen Grabstein ab.«
Ein gedrungener, klobiger alter Mann in Hemdsärmeln und Pantoffeln lehnte an der Feldmauer. Winnie sieht noch immer sein breites, blaurotes Gesicht so lebhaft vor sich wie bei ihrem ersten besorgten Blick. War ihm vielleicht ein Fremder aufgefallen, ein blasser Dicker mit schwarzem Ledermantel?
»Nein, Fräulein«, sagte er.
»Nun«, sagte Winnie zu Sholto und ließ sich auf der Mauer nieder, »irgendwo in der Gegend muß er ja noch sein.«
Eine Freistatt hatte er das Land geheißen, das viel heimliches Leid mitangesehen habe. Ja, aus dem letzten Loch.
»Warten Sie hier«, sagte Sholto, den Wahnsinn und die Bosheit in seinem Herzen, »ich gehe in der Kirche nach ihm schauen.«
Der Alte hatte schon seit einer Weile Zeichen der Erregung von sich gegeben.
»Ein Ausreißer?« fragte er hoffnungsvoll.
»Nein, nein«, sagte Winnie, »bloß ein Freund von mir.«
Aber er war nicht mehr zu halten, die Schleuse brach.
»Geboren bin ich auf Lambay«, sagte er zur Einleitung eines endlosen Berichts von einer Wiederergreifung, bei der er sich hervorgetan hatte, »und gearbeitet hab ich hier, von Kindesbeinen an.«
»Wenn das so ist«, sagte Winnie, »können Sie mir sicher auch die Ruinen dort erklären.«
»Das ist die Kirche«, sagte er und deutete auf die nebenan, die gerade Sholto verschluckt hatte, »und das«, er zeigte auf die entfernter stehende, »das da ist der Turm.«
»Ja«, sagte Winnie, »aber was für ein Turm, wozu hat er gedient?«
»Er hat einer Lady Sowieso gehört«, sagte er, »mehr weiß ich auch nicht.«
Umwerfende Neuigkeiten.

»Und da davor noch«, plötzlich kam ihm alles zurück, »Sie ham vielleicht schon mal vom Dechant Swift was läuten hören, der hat da drin nämlich sei« – er verkniff sich das Wort, aber dann ließ er drei grade sein – »sei Matz versteckt.«
»Sein Malz!« rief Winnie.
»Sei Matz«, sagte er, »Stella hat sie geheißen.«
Winnie starrte über das graue Feld. Keine Spur von Sholto, noch von Belacqua, nur dieser hochrote Kloß, der ihr auf den Leib rückte, mit seiner Mär von einer Matz und einem Stern. Was war bloß eine Matz?
»Sie meinen«, sagte sie, »er hat dort mit einer Frau gelebt?«
»Er hat sie da versteckt«, sagte der Alte, er hatte es einmal im *Telegraph* gelesen, und dabei blieb er auch, »und ist von Dublin runterkommen.«
Der kleine dicke Bruder Hurtig, frühmorgens brach er auf, nüchtern und lüstern, eine wandelnde Kamille.
Sholto tauchte auf dem Übertritt zwischen den Mauerzinnen auf und winkte ratlos. Winnie dämmerte allmählich: sie hatte alles hoffnunglos verpfuscht.
»Weiß der Himmel«, sagte sie zu Sholto, als er vor ihr stand, »wo er steckt.«
»Sie können nicht die ganze Nacht hier herumstehen«, sagte er. »Kommen Sie, ich fahre Sie nach Hause, ich muß ohnehin nach Dublin rein.«
»Ich kann ihm doch nicht einfach weglaufen«, jammerte Winnie.
»Aber er ist doch gar nicht hier, verdammt nochmal«, sagte Sholto, »sonst wäre er ja da.«
Der Alte, der seinen Sholto kannte, sprang diensteifrig in die Bresche: Er wollte die Augen offenhalten.
»Schließlich kann er nicht verlangen«, sagte Sholto, »daß Sie hier ewig warten.«
Ein junger Mann auf einem Fahrrad kam von Donabate her langsam um die Ecke, grüßte die Versammlung und bog in die Anstaltsauffahrt ein.

»Tom«, rief Sholto.
Tom stieg ab. Sholto entwarf eine knappe Karikatur von Belacquas Äußerem.
»So was ist dir wohl nicht über den Weg gelaufen«, sagte er, »oder doch?«
»Genau der ist an mir vorbeigeradelt«, sagte Tom, der sich gern nützlich machte, »beim Hoftor von Ross, wie ein geölter Blitz.«
»GERADELT!« rief Winnie. »Aber er hatte doch gar kein Rad.«
»Tom«, sagte Sholto, »hol das Auto raus, aber dalli, und fahr es her.«
»Aber er kann es nicht gewesen sein«, Winnies Wut hatte mehr als einen Grund, »wenn ich Ihnen doch sage, er hat kein Rad gehabt!«
»Er kann sein, wer er will«, sagte Sholto, ganz Herr der Lage, »noch vor der Hauptstraße haben wir ihn eingeholt!«
Aber Sholto hatte das Tempo des Missetäters unterschätzt; der saß wohlbehalten in Taylors Wirtshaus zu Swords und trank sein Bier mit einem Lachen, das Mr. Taylor wenig behagen wollte, bevor sie noch recht in Fahrt gekommen waren.

# Bim Bam

Mein weiland Freund Belacqua brachte dadurch Schwung in das Endstadium seines Solipsismus, bevor er dann klein beigab und Geschmack fand an der Welt, daß er einen ständigen Ortswechsel für das Tunlichste zu halten anfing. Wie dieser Schluß zustande gekommen war, wußte er nicht; daß er ihn jedoch nicht einer Vorliebe für den einen oder andern Ort verdankte, dessen war er sicher. Er wiegte sich gern in dem Gedanken, daß er sich bloß in Bewegung zu setzen brauchte, um den von ihm so genannten Furien zu entwischen. Die Freistätten aber waren ihm Jacke wie Hose, denn sie lösten sich alle in nichts auf, sobald er sich dort niederließ. Der bloße Akt des Aufstehens und Fortgehens, gleichgültig wo und wohin, tat ihm wohl. Soviel stand fest. Zu seinem Bedauern verfügte er nicht über die Mittel, seinem Fernweh im gewünschten Ausmaß nachzugehen, zu Lande oder zu Wasser. Dahin, daher, über die Länder, die Meere! Das konnte er sich nicht leisten; denn er war arm. In seinem bescheidenen Rahmen aber tat er das mögliche. Vom Alkoven zum Fenster, vom Kinder- ins Schlafzimmer, sogar von einem Stadtviertel ins nächste, und wieder zurück, diese kleinen Akte der Fortbewegung gelangen ihm durchaus, und gewiß taten sie ihm auch ganz wohl, in aller Regel – das alte Lied der grünen Jugend: Qualen im Quartal, dazwischen ein Quentchen Wohlbehagen.

Da er jedoch von Natur aus sündhaft träge war, in Trägheit versumpft, und sich nichts lieber wünschte, als sich tatenlos den von ihm so genannten Furien auszuliefern, überkam ihn dann und wann die Frage, ob er die Abhilfe nicht lästiger fänd als die Beschwerde. Aber er mußte diese Annahme verwerfen, da er sich fortwährend dazu greifen sah, wenn auch in bescheidenem Rahmen; doch jahrelang griff er fortwährend auf sie zurück und war ihr dankbar, wie wenig wohl sie ihm auch tat.

In ihrer einfachsten Form nahm diese Gehübung die Form des Bumerangs: hinaus, zurück; ja, viele Jahre konnte er sich eine andere gar nicht leisten. Daraus wird klar, daß sein System nicht auf einer unterschiedlichen Bewertung einzelner Punkte im Raum beruhte, denn er kehrte, sieht man von einer gelegentlichen Erfrischungspause ab, stracks zu seinem Ausgangsort zurück, und fürwahr nicht weniger erquickten Gemüts, als hätte er solange in fernen und hochgerühmten Städten gesäumt.

Das alles weiß ich aus seinem eigenen Mund. Wir waren einander eine Zeitlang Pylades und Orest, wenn auch aufs Manierliche zurechtgestutzt, die Beziehung hatte jedoch Bestand und blieb, solang sie währte, auch überaus vertraulich. Ich habe seine Gehübungen in jeder Phase mitverfolgt. Ich war zugegen, wenn er aufsprang und davoneilte, ohne mir auch nur ein ›mit Verlaub‹ zu gönnen, von einer Kraft getrieben, die zu leugnen er nicht für nötig hielt. Ich bekam ihn zu Gesicht, munter unterwegs auf seinem kurzen Höhenflug. Ich war zur Stelle, wenn er wiederkam, verklärt und verwandelt. Fast strafte er den Dichter der Nachfolge Lügen – ›froh zog ich aus und kehr in Trübsal wieder‹.

Er war peinlich bemüht, mir und allen, denen er seine Taktik auseinanderlegte, klarzumachen, daß sie in keiner Weise mit der sonst üblichen Verrichtung derber Arbeit verschwistert sei, wie Schippen und dergleichen, die ja nur zur Auffüllung von Stimmungstiefs mißbraucht wird – eine Remedur, die in ihrer Wirkung auf bloßer körperlicher Erschöpfung beruhe, und worüber er sich nur höchst verächtlich äußerte. Er verausgabe sich nicht, so sagte er, im Gegenteil; er durchlebe eine Beethovensche Pause, sagte er, was immer das auch hieß. Aus Sorge, sich nur ja verständlich zu machen, erlitt er damit regelmäßig Schiffbruch. Ja, diese Sorge stellte an sich schon, wenigstens in meinen Augen, einen Einbruch in die Selbstgenügsamkeit dar, die er unermüdlich für sich in Anspruch nahm: ein jämmerliches Versagen unseres niedlichen internus homo, und damit Beweis genug, ihn als hoffnungslose Marionette des eigenen Schattens zu entlarven. Aber er wand sich aus alldem mit der Beteuerung heraus, er sei seinerzeit betrunken gewesen, und überhaupt ungereimt in seiner Art, was er auch zu bleiben gedenke, und so fort. Er war letzten Endes ein unmöglicher Mensch. Letzten Endes gab ich es auf mit ihm, weil er es nicht ernst meinte.

Eines Tages berichtete er mir, in einem wahren Vulkanausbruch von Vertraulichkeit, von einer dieser ›bewegten Pausen‹. Er hatte eine starke Schwäche fürs Oxymoron – ebenso wie er dem Gin Tonic übermäßig zusprach.

Der Reiz dieser reinen, leeren Fortbewegung, dieser ›Schrittlichkeit‹ oder ›Schreitung‹ lag nicht zuletzt in ihrem Hang, mit oder ohne Zustimmung des betroffenen Subjekts, die zarten Gravuren der Außenwelt vollständig und lückenlos in sich aufzunehmen. Jeder Zielsetzung enthoben, brauchte sie vor dem Unvorhergesehenen nicht zurückzuscheuen, noch vom vergnüglichen bric-à-brac des Schwanks sich abzuwenden, über den man so häufig stolpern kann. Nicht zuletzt in dieser Empfänglichkeit lag der Reiz des Streifzugs, der in der Leere begann, der Reiz des reinen Akts lag nicht zuletzt in der Begier, mit der er nach Besudelung lechzte. Aber doch fast zuletzt.

Als er an dem fraglichen Abend aus der Bedürfnisanstalt im Schlund der College Street wieder nach oben tauchte, hatte er den unbestimmten Eindruck, er sei dem Sonnenuntergang am Liffey-Ufer nachgelaufen, bis jede Farbe vom Himmel gescheucht und alles Tulipan und Kupfergrün daraus getilgt gewesen waren. Er hockte sich – nicht daß er zuviel getrunken hätte, sondern einfach, weil er derzeit keinen Grund fand, lieber die eine als die andere Richtung einzuschlagen – am Sockel von Tom Moores Denkmal nieder. Doch wagte er nicht zu verweilen. Hatte er nicht solange vor sich hin gegrübelt, mag ich, sollt ich, wag ich, wollt ich, bis er schließlich hinausgeflohen war? Jetzt kam die Mahnung, sich fortzuscheren, einer Räumungsklage gleich. Allein er sah sich nicht imstand, sowenig wie Buridans Esel, einen Schritt nach rechts oder links, nach vorn oder zurück zu tun. Woran das lag, blieb ihm restlos unerfindlich. Auch war jetzt kaum der rechte Augenblick zur Selbsterforschung. Mit der Rückkehr vom Park Gate über den

Nordkai hatte er so gut wie keine Mühe gehabt, die Brücke und die Westmoreland Street spielend hinter sich gebracht, und jetzt plötzlich fand er sich zu nichts anderem mehr tauglich, als sich gegen den Sockel dieses stiernackigen Barden zu lümmeln und auf ein Zeichen zu warten.

Zeichen gab es allenthalben. So zunächst das große Bovril-Reklamezeichen, das von jenseits des Stadtparks herüberflakkerte. Aber es war unbrauchbar. Glaube, Hoffnung und – wie doch gleich? – Liebe, das Paradies verfehlt, jede Ebbe verlacht, und alle Gezeiten strömten ab vom Strandkies des Ego Maximus, des armseligen Häufleins Ich. Das Zeichen ging nirgends hin, nur rundherum im Kreise wie die Sphären, aber stumm. Das konnte ihn jetzt nicht loseisen, das setzte ihm höchstens allerlei Gedanken in den Kopf. Und hatte er nicht solang inmitten seiner und anderer Leute Gedanken dagehockt, bis er schließlich hinweggeflüchtet war? Was gäbe er jetzt nicht darum, wieder unterwegs zu sein! Von den Gedanken weg!

Er wandte sich von diesem leeren Sinnbild, wie von anderen seinesgleichen, ab und wurde aufmerksam auf einen Rollstuhl, den jemand unter den Bankarkaden rasch in Richtung Dame Street schob. Er zeigte sich immer nur kurz, bevor er wieder hinter den Pfeilern des Säulengangs verschwand. Darin saß der blinde Lahme, der den ganzen Tag an der Ecke Fleet Street saß, bei schlechtem Wetter in der Kolonnade, und sich jetzt heimwärts fahren ließ bis zu seinem Haus in Coombe. Er war zu spät geholt worden und machte ein bitteres Gesicht. Sein Rollstuhlschieber konnte sich auf was gefaßt machen, wenn er ihn erst glücklich abgeliefert hatte! Dieser Schieberling, Dienstbote oder verarmter Anverwandter, kam jeden Abend kurz vor Dunkelheit, knüpfte dem Bettler das Pappschild, das seine Nöte kundtat, von Hals und Brust, packte ihn behaglich in seine Decken ein und kutschierte ihn nach Haus zum Abendessen. Er tat gut daran, Beflissenheit zu zeigen, denn der Bettler war eine Macht in Coombe. Morgens hatte er die Pflicht, seinen Brotherrn zu rasieren und ihn, je nach Wetter, zu seinem einen oder andern Standplatz zu fahren. So ging das Tag für Tag.

Dies war schon fast in der Manier von Steht ein Stern am hohen Himmel, oder ähnlichem, und Belacqua machte sich schleunigst in die entgegengesetzte Richtung davon – will sagen, die Pearse Street hinunter, die lange geradlinige Pearse Street mit ihrer gewaltigen Kaserne aus rötlichem Granit, ihrer Heimstatt für das Trauerspiel, neu verputzt und ausgebaut, den Kohlenhändlern und der florentinischen Feuerwache, den zwei Cervi-Stuben, für Speiseeis und Fischfilet, den Milchläden, Werkstätten für Kraftfahrzeuge und Steindenkmäler und, hinter der Südfront auf ganzer Länge zu erahnen, der Universität. Perpetuis futuris temporibus duraturum. Was nachdrücklich zu hoffen stand.

Die Straße war, trotz ihres Namens, höchst angenehm zu durchwandern, schäbig bis ins Mark und stets erfüllt von kreuzbraver Geschäftigkeit. Von früh bis spät wühlten sich Busse durchs Getümmel, in Rot, Blau und Silber. Einer von ihnen fuhr ein kleines Mädchen um, gerade als Belacqua der Bahnunterführung zustrebte. Sie hatte in der Molkerei Hibernia Milch und Brot besorgt und sich mit kindlichem Übereifer in den Verkehr gestürzt, um ihre Schätze schnellstmöglich in die Mark Street heimzubringen. Die schöne Milch hatte sich über die Straße ergossen, und der Brotlaib lehnte unversehrt und aufrecht am Rinnstein, um kein Haar anders, als hätten ihn zwei Hände aufgehoben und dort hingestellt. In der Warteschlange vor dem Palace-Filmtheater rangen zwei Wünsche miteinander: den Platz zu behalten, und die Sensation nicht zu versäumen. Hälse reckten sich, Fragen verlangten nach einer Bestätigung des Schlimmsten, die Menge aber wich und wankte nicht. Nur eine junge Frau von liederlichem Aussehen und mit einer schwarzen Wolldecke als Umhang riß sich von knapp unterhalb der Schlangenspitze los und nahm den Brotlaib in Beschlag. Sie verstaute ihn unter ihrer Decke und schlich sich damit unbehelligt die Mark Street hinunter, um dann in die Mark

Lane einzubiegen. Als sie zurückkam, war ihr Platz, wie sich versteht, besetzt. Aber mehr als ein paar Meter hatte sie der Abstecher nicht gekostet.

Belacqua wandte sich nach links in die Lombard Street, die Straße der Installateure, und betrat ein Wirtshaus. Hier war er bekannt insoweit, als sein groteskes Äußeres die Schwarzröcke schon längst nicht mehr befremdete oder zum Kichern brachte, und dahingehend, daß er sein Gewohntes ohne Bestellung vorgesetzt bekam. Das war nicht unbedingt als Auszeichnung zu deuten. Er wurde von der Klientel des Hauses, einer Mischung aus Dockarbeitern, Eisenbahnern und unbestimmten arbeitslosen Faxenmachern, geduldet und, woran ihm noch mehr lag, in Ruhe gelassen. Auch waren hier Kunst und Liebe, ihr wirrer Zank und torkelndes Nachhauseeilen, vom Einlaß ausgeschlossen oder wohl besser: unbekannt. Der Schöngeist wie die Impotenz blieben fern.

Diese Umstände machten in ihrem Zusammenspiel den Ort zu einer sehr willkommenen Zuflucht für Belacqua. Nie unterließ er es, ihn aufzusuchen, wenn er in der Nähe war und die Zeche für ein Glas bei sich hatte.

Als ich mich bei ihm erkundigte, wie er diese Aufenthalte in Einklang brachte mit seinem ängstlichen Bedacht auf ständige Bewegung und seinem Unbehagen, sobald er sich – wie bei seinem Austritt aus dem Schlund der College Street – zum Stillstand gezwungen sah, war seine Antwort: gar nicht. »Gewiß hat«, sagte er, »mein Entschluß doch auch das Recht zu straucheln.« Ich war völlig seiner Meinung. »Oder, wenn du das lieber hörst: ich unternehme meinen Ausfall in zwei Etappen statt in einem Schwung. Inwiefern«, fragte er laut, »tangiert das meine Kompetenz, möchte ich gerne wissen?« Ich bestätigte ihm eilends sein volles Recht, einer Taktik seiner eigenen Erfindung auch nach Gutdünken zu folgen, sein Ausfall, um sein Wort zu übernehmen, verliere nichts durch eine Aufteilung in leichte Schritte. »Leicht!« rief er aus. »Wie leicht?«

Man achte auf die Doppelantwort: zwei Schlupflöcher in einem Fuchsbau.

Wie er nun in diesem verlotterten Loch so dasaß und vor sich hin trank, verging ihm nach und nach die Freude an dem Inventar, den Flaschen, in die Jahrhunderte liebevoller Forschung eingegangen waren, den Hockern, dem Tresen, den mächtigen Muttern, den Zapfhähnen der Bierwerke in schimmernder Phalanx – schlau ausgetüftelte Erfindungen allesamt, um die Beziehungen zwischen Lieferant und Konsument zu fördern. Die Flaschen, im Handumdrehen herausgezogen und geleert, die Fässer, die dem leisesten Druck der Schenkhebel Folge leisteten, die müden, auf Kruppe und Kinn gelagerten Proletarier, die Kasse, die sich nie beschwert, die wendigen Schwarzröcke im Trab von Gast zu Gast, dies alles fügte sich zu einem Schauspiel, das Belacqua sonst ergötzlich fand und voller Wohlwollen als ein erfreuliches Beispiel ansah für einen Apparat, der rechtschaffen dem Bedürfnis dienstbar war. Eine große Symphonie in Dur von Nachfrage und Angebot, Ursache und Wirkung, die, mit dem mittleren C der Chromtheke als Grundmodul, in ihrem Fortgang anschwoll zu den lieblichen Akkorden von Gotteslästerung und Glasgescherbel und allen Obertönen des Rauschs und der Ermattung. Daher pflegte er auch zu sagen, nur an einem Ort könne er vor Anker gehen und glücklich werden, in einer Saufbude; und all der lästigen Winkelzüge von Schreitung und ersticktem Beethoven hätte er sich längst entledigt, wenn ihm gestattet wäre, dort zu wohnen. Aber da man um zehn Uhr schloß, und eine feste Niederlassung mit ehrlichen Absichten als unvereinbar galt, und weil er ohnehin nicht die Mittel hatte, in reiner Stasis zu verharren, und sei es in der schäbigsten aller Kneipen, mußte er sich wohl damit begnügen, seiner Laune nur dann und wann zu folgen, und dankbar sein, wie spärlich ihm die Gunst auch zufiel.

All dies und vieles mehr mühte er sich, mir klarzumachen. Allem Anschein nach bereitete es ihm ziemliche Genugtuung, dabei zu scheitern.

An dem bewußten Abend aber wollte der Bär nicht tanzen: mit dem Erfolg, daß Belacqua ein solcher Mißmut ergriff, soviel Ungeduld, sich fortzumachen, und zugleich ein solches Widerstreben, sich dazu aufzuraffen, als säße er zuhaus in seinem Lehnstuhl. Woran das lag, blieb ihm unergründlich. Ob ihn die Kindszermalmung in der Pearse Street etwa unbewußt doch verstört hatte, oder ob (und dieses zweite Ob trug er mit wahrhaft unausstehlicher Selbstgefälligkeit vor) er hier am Scheidewege stand, entzog sich völlig seiner Kenntnis. Er konnte dazu nur soviel sagen, daß alles, was ihn sonst beruhigt und aufgerichtet hatte, allmählich die Anziehung für ihn verlor, er seiner immer weniger inne wurde, und daß Gejuck und Weh wie vormals seinen Geist beschlichen. Frisch war er den weiten Weg von Tommy Moore hierhergeschritten, und jetzt plötzlich fand er sich gelähmt und trübsinnig ausgerechnet in einem Wirtshaus wieder, zu nichts anderem tauglich, als seinem Porter beim Schalwerden zuzuschauen und weiter auf ein Zeichen zu warten.

Bis heute hat er keine Ahnung, was ihn die Augen heben ließ, doch hob er sie. Er spürte den Drang dazu so stark in sich, daß er sich von der Betrachtung seines verdämmernden Porter losriß, und wurde durch den Anblick einer barhäuptigen Frau belohnt, die durch den Trakt des Gastraums näher trat. Sie konnte noch kaum hereingekommen sein, da hatte er sie schon bemerkt. Das allein war doch bereits sehr sonderbar. Sie bot anscheinend eine Hökerware feil, welche, konnte er nicht erkennen, nur daß es sich nicht um Kragenknöpfe oder Spitzendecken oder Lavendelkissen oder die sonst üblichen Artikel handelte. Sie als Frau in diesem Wirtshaus anzutreffen, war nicht etwa ungewöhnlich; Frauen gingen hier ganz ungezwungen ein und aus, sie löschten ihren Durst und beschwichtigten ihre Sorgen mit derselben Unbekümmertheit wie ihre Mannsleute. Es war sogar immer eine Freude, ihnen zu begegnen, denn sie traten jedermann nur freundlich und in allen Ehren nah. Belacqua hatte manch kostbare Erinnerung an ihren Umgang.

So hatte er keinerlei profanen Grund, weshalb er in der nähertretenden Gestalt dieser Geheimniskrämerin etwas erblicken sollte, was ihm nicht frommte, oder gar dem Zeichen glich, dessen Ausbleiben ihn bis zur Sperrstunde gewiß wie mit Eisenklammern an seinen Hocker gefesselt hielt. Doch war der Drang so stark in ihm, daß er ihm nachgab. Die Frau hatte sich beim Versuch, ihre wie auch immer beschaffenen Waren an den Mann zu bringen, mehr Abfuhren als Pennies eingehandelt; als sie jetzt näher kam, erkannte er, daß ihn seine Ahnung nicht getrogen hatte, wenigstens insofern nicht, als eine tatsächlich sehr ungewöhnliche Erscheinung vor ihm stand.
Sie sprach wie eine Frau aus dem Volk, wenn auch aus dem gehobeneren Volk. Ihr Kleid hatte ausgedient und wirkte trotzdem noch anständig. Es gab ihm einen Stich, daß sie sich mit dem verräterischen kleinen Kunstpelz um den Hals herausgeputzt hatte, wie er im Slum so gern zur Schau getragen wird. Das einzig wirklich Beklagenswerte an ihrem Aufzug, soweit das eine rasche Musterung erkennen ließ,war ihr Schuhwerk in der grausam strengen Übergröße der Suffragette oder Fürsorgerin. Aber das hatte sie ganz ohne Zweifel geschenkt bekommen oder für einen Pappenstiel im Pfandhaus aufgegabelt. Sie war mehr als mittelgroß, stattlich und übers beste Alter wohl hinaus. Doch ihr Gesicht, ah! ihr Gesicht, das Belacqua nur als Antlitz bezeichnet wissen wollte, so strahlte es vor Licht. Das hob sie zu ihm auf, und nirgendwohin sonst. Von Lichtstrahlen seren, ja serenissime umkränzt, zeigte es keine Spur von Leid und verdiente darum schon, denkwürdig zu heißen. Doch wie andere gepeinigte Gesichter, die er kannte, etwa das vom Meister der Müden Blicke gemalte im Nationalmuseum am Merrion Square, schien es einen weiten Weg hinter sich zu haben und dem Kummer nur die Basis zu einem unendlich spitzen Winkel anzubieten, so wie ein Augenpaar, das einen Stern fixiert. Ihre Züge waren nichtssagend, nur leuchtend, teilnahmslos und in sich gefestigt, in Strahlungskraft versteinert, zumindest sinngemäß: denn der Leser sei höflich darauf hin-

gewiesen, daß diese geschmückte Redeweise von Belacqua selber stammt. Jeder Akt des Ausdrucks, ein Fälteln oder Kräuseln, hätte da nur wie die Blende vor einem Scheinwerfer gewirkt. Worauf diese Triumphgestalt sonst noch verweisen könnte, wie die Gerechten und die Gottlosen usw., bleibt besser unerwogen.

Endlich sprach sie Belacqua an.

»Plätze im Himmel«, sagte sie beiläufig, »einer fürn Zweier, vier fürn Sechser.«

»Nein«, sagte Belacqua. Das war die erste Silbe, die ihm auf die Lippen kam. Er hatte keine Abweisung im Sinn gehabt.

»Logenplätze«, sagte sie, »dann bin ich ausverkauft. Einen Zweier der Logenplatz, vier fürn Sechser.«

Das war noch unvorhergesehener als von Belacqua vorgesehen, wenn auch nicht bloßer Schwank. Er fühlte sich im höchsten Grad verlegen, aber auch übermannt. Er spürte, wie ihm über seinem Nierengürtel im Kreuz der Schweiß ausbrach.

»Haben Sie sie bei sich?« stammelte er.

»Der Himmel geht rund herum«, sagte sie, und ließ den Arm kreisen, »und herum und herum und herum und herum.«

»Ja«, sagte Belacqua, »rund herum.«

»Und rum«, sagte sie, und verschluckte die Vorsilbe, um ihren Spruch noch kräftiger in Schwung zu bringen, »und rum und rum und rum.«

Belacqua wußte nicht mehr wohin schauen. Außerstande zu erröten, kam er immer scheußlicher ins Schwitzen. Nichts Ähnliches war ihm jemals zugestoßen. Er fühlte sich ganz und gar entwaffnet, aus der Bahn geworfen und hundeelend. Aller Augen, der Dockarbeiter, der Eisenbahner und, was ihm das Fürchterlichste war, der Faxenmacher, hatten sich auf ihn gerichtet. Das Herz rutschte ihm in die Hose. Dieses Aas von Weiberhexe mit ihrer stumpfsinnigen Geozentrik! Er war ihr ausgeliefert.

»Nein«, sagte er, »nein danke, heute abend nicht, herzlichen Dank.«

»Dann bin ich ausverkauft«, sagte sie, »und abgebrannt, vier fürn Sechser.«
»Aus welcher Quelle...«, begann Belacqua, wie ein Doktorand.
»Fürn Spezi«, sagte sie, »fürn Babba, fürd Mamma, und fürd Braut, vier fürn Sechser.« Die Stimme brach ab, aber die Miene ließ nicht locker.
»Und wer sagt mir«, röchelte Belacqua, »daß die nicht gefinkelt sind?«
»Der Himmel geht rum und rum –«
»Verdammter Mist«, sagte Belacqua, »ich nehme zwei. Was machen die?«
»Vier gradaus«, sagte sie.
Belacqua gab ihr einen Sechser.
»Vergeltsgott, Herr«, sagte sie in unverändert fahlem Ton. Sie wandte sich zum Gehen.
»He, Sie«, rief Belacqua, »ich kriege noch zwei Pennies raus!« Er hatte nicht einmal den baren Anstand, einen Zweier dazu zu sagen.
»Ach kommens doch«, sagte sie, »jetzt sinds ned so ein Knauser und nehmens vier, fürn Spezi, fürn Babba, fürd Mamma und fürd Braut.«
Zu feilschen war Belacqua nicht imstand. Er hatte nicht die Seelenkraft dazu. Er drehte ihr den Rücken zu.
»Der Herrgott«, sagte sie vernehmlich, »und Unsere Liebe Frau beschütz Euch, Herr.«
»Amen«, sagte Belacqua in sein entschlafenes Porter.
Dann ging die Frau, und ihr Antlitz leuchtete ihr auf dem Weg zu ihrem Zimmer in der Townsend Street heim.
Belacqua jedoch verweilte noch ein wenig, um der Musik zu lauschen. Dann machte auch er sich auf, aber zur Railway Street, am anderen Ufer.

# Ein feuchter Abend

Herbei, es hat die Zeit des Jubels und der offenen Herzen sich genaht. Hochsaison in den Geschäften, in den Straßen drängt sich die festliche Menge, die Handelskammer hat einen Preis für das originellste Schaufenster ausgeschrieben, bei Wertheim rutschen wieder mal die Hosen unter pari.

Mistinguett hätte gern die Bedürfnishäuschen abgeschafft. Sie sieht keinen Bedarf dafür. Anders Belacqua. Glücklich im Fleisch entstieg er den erhitzten Eingeweiden von McLoughlins Kneipe, sah auf und bewunderte die Kraft von Moores Stiernacken, um kein Haar zu kurz, bei allem gebührenden Respekt vor der Fachwelt. Hell und frohgelaunt wie angespornt vom Stern von Bethlehem tanzte die Bovril-Reklame über dem Verkehr von College Green rastlos ihre sieben Stufen auf und nieder.

Gelbsüchtiger Glaube verkündete zitronenfarben den bunten Reigen, wurde durch einen Schimmelpilz von hoffnungslosem Grün zur Gürtelrose geschmälert und abgetan. Worauf das Licht erlosch, als letzter Gruß an die Hingemordeten. Ein abgefeimtes Blutgetröpfel lüpfte in kupplerischem Karmin die grünen Röcke, auf daß die Prophezeiung sich erfüllte, ließ Gabriel entsetzt zur Herzkirsche erröten und überschwemmte das Zeichen mit seiner Glut. Doch rasselten die langen Röcke herunter, Dunkel bedeckte nun die Blöße, der Kreislauf hatte sich vollendet. Da capo.

Aus Bovril ward Salome, dachte Belacqua, und Tommy Moore hält den Nacken steif. Glaubensschwäche, Verzweiflung, Schnorrerei, soll ich die stärkste dieser drei vor meinen Rollstuhl spannen? Gegenüber unter den Arkaden hatte der blinde Lahme Stellung bezogen, fest eingepackt in seine Decken, und mampfte sein Abendessen wie jeder beliebige Prolet. Nicht mehr lang, dann kam sein Fahrer und schob ihn heim. Niemand hatte ihn je ankommen oder fortfahren sehen, er war nur da, und dann auf einmal weg. Er ging und kehrte wieder. Als Schnorrer mußt du gehn und wiederkehren, das ist der erste Glaubenssatz christlichen Schnorrertums. Keiner wird zum soliden Schnor-

rer, der sich in der Fremde niederläßt. Die Walz bringt einen Schlaf und ein Vergessen, den hoffärtigen Totpunkt. Weise kehrt man zurück und wagt den höchsten Einsatz in einer geschützten Ecke; die Münzen rieseln, als Hausbesitzer wird zu einem aufgeschaut.
Belacqua war ein Zeichen zuteil geworden, Bovril hatte ihn damit bedacht.
Wohin sich wenden? In welchen öffentlichen Ausschank? Wo gutgezapftes Porter floß, zum Ersten; und ein verlorenes Flittchen als späte Regenwolke das dürre Land der Poeten und Politiker netzte, zum Zweiten; wo er weder kannte noch bekannt war, zum Dritten. Eine bescheidene Kaschemme, die den Flittchen lieb, und wo das Porter gut gezapft war, wo er ungestört auf hohem Stuhl mit hohem Sitz zum Schein sich in die Moskaukorrespondenz des Twilight Herald vertiefen konnte. Und die war allerdings gepfeffert.
Von den zwei Häusern, die solchen Wünschen bereitwillig entgegenkamen, befand sich eines in der Merrion Row, Heim der ihrem Heim entronnenen Kutscher. Wie mancher Mensch die Hennen, so floh Belacqua Kutscher: ein rauhes, krätziges, fast schon ungezieferhaftes Volk. Auf der Strecke vom Mooremahnmal zur Merrion Row lauerte überdies Gefahr, der Weg war zu dieser Stunde von Poeten, Plebejern und Politikern belagert. Das andere stand am Lincoln Place, er konnte sich gemächlich dorthin treiben lassen, nichts hielt ihn auf. Die lange, gerade Pearse Street gestand dem Geist eine schlichte Kantilene zu, mit ihrem Gehsteig, der von ermattet Abgekehrten und Besänftigten bevölkert war, und ihrer von einem Busgetümmel entmenschten Fahrbahn. Straßenbahnen jammerten darauf als Ungeheuer unterm wilden Gefuchtel ihrer Strombügel einher. Dagegen wirkten die Busse unterhaltsam – Reifen, Glas und Zusammenprall, sonst nichts. Auch der Gang am Queens vorbei, der Heimstatt der Tragödie, war hübsch zu dieser Stunde, er führte zwischen dem alten Theaterbau und der langen Schlange der Armen und Demütigen hindurch, die für drei

Groschen Lebendbilder erstehen wollten. Denn hier schlich Florenz sich in die Melodie, die Piazza della Signoria und die Tram Nr. 1, das Fest von San Giovanni, wenn die Harzfakkeln auf den Wehrtürmen entzündet wurden und die Kinder, denen die Raketen in der Abenddämmerung über den Cascine noch in der Erinnerung brannten, die herausgepäppelten Zikaden nach langer Gefangenschaft aus ihren kleinen Käfigen entließen und mit ihren jungen Eltern bummeln gingen bis lang nach Schlafenszeit. Dann stieg er im Geist gemächlich zu den schaurigen Uffizien und den Befestigungen des Arno hinunter, und so weiter und so fort. Dieses Vergnügen entsprang der Feuerwache gegenüber, die hie und da dem Palazzo Vecchio abgeschaut schien. Als Huldigung an Savonarola? Ha, ha! In jedem Fall war damit die homerische Stunde, da das Dunkel in den Straßen anschwoll und so weiter, so lustvoll wie sonst auch, ja mit mehr Gewinn als meistens ausgekostet, dank seines starken Dursts auf die bescheidene Kaschemme. Die sollte ihn nun bald durch die Tür des ihr vorgelagerten Gemüseladens, falls der noch glücklich offen hatte, vom Gehsteig schnappen.

Unter Schmerzen also unternahm er aus dem Schutz der Collegezinnen, vorbei an feschen Taxis, seinen Ausfall und schuf der Melodie in seinem Inneren Raum. Die Feuerwache funktionierte tadellos, und alles lief so gut, wie sich angesichts des zu erwartenden Abendkuddelmuddels erhoffen ließ, da schlug das Schicksal zu. Es rumpelte ein gewisser Chas mit ihm zusammen, ein hochnäsiges Einschläferungsmittel französischer Nation, der eine aus Skeats und Paganinis Zügen gemischte Teufelsfratze und einen Verstand wie eine zerfledderte Konkordanz sein eigen nannte. Der konnte oder wollte niemand in Frieden lassen, wie inständig Belacqua auch seinen stechenden Füßen und dem Stimmenchor in seinem Kopf nachsann.

»Halte-là«, piepste der Pirat, »wohin so keck?«

Im Windschatten der Grabbildhauerei mußte Belacqua innehalten und sich dieser Menschmaschine stellen. Sie trug Butter und Eier aus der Molkerei Hibernia bei sich. Belacqua aber biß nicht an.

»Nur im Zwielicht so dahingeschlendert«, sagte er unbestimmt.

»Bloß ein Gesang im Dämmer«, sagte Chas. »Nicht wahr?«

Belacqua rang die Hände in der Düsternis. War ihm der Weg verwehrt, Gewalt dem Raunen seines Geistes angetan, die Anhörung dieser Büchmann-Klappermühle aufgezwungen? Es schien so.

»Wie stehts«, sagte er dessenungeachtet, allem zum Trotz, »wie gehts und stehts in dieser großen, weiten Welt?«

»Befriedigend«, sagte Chas mit Vorbehalt, »befriedigend bis mittelprächtig. Das Gedicht bewegt sich, eppure.«

Wenn er mir jetzt mit ars longa ankommt, gelobte sich Belacqua, wird er Anlaß zur Reue kriegen.

»Limae labor«, sagte Chas, »et mora.«

»Nun«, sagte Belacqua und ruderte mit unbefleckter Hand davon, »bis später dann.«

»Aber nicht allzuspät, sche-späär«, rief Chas, »zur Casa Frica, die Nacht wird ungemütlisch, nein?«

»Gott seis geklagt«, sagte Belacqua, schon weit vom Ufer.

Sieh da, die Frica. Sie sucht Talente heim in ihrem Haus mit Zimmerservice. Sie kommt hereingerauscht und intoniert Havelock Ellis mit Grabesstimme, unverhohlen lüstern auf unziemliche Verrichtungen. Auf ihrer Hohlbrust liegt wie auf einem Betpult aufgeschlagen Portiglottis Penombre Claustrali, in Sämischlamm gebunden. In den Klauen hält sie allen Ernstes Sades Hundertzwanzig Tage und die Antierotika von Aljoscha G. Brignole-Sale, unaufgeschnitten, in Lammchagrin gebunden. Ein schwärender Kloß macht ihr das Lid zur Binde, ein Kummerturban aus Brei umschwappt den Pferdeschädel. In der Augenhöhle hockt ihr die Knolle, der wäßrig-runde Klunker glotzt nackt heraus. Einsame Versenkung hat ihr die Nüstern zu Bohrlöchern geweitet. Der Mund kaut ein nichtvorhandenes Beißeisen, Schaum quillt ihr aus der bitterbösen Fuge. Ihr kraterförmiger Tafelspitz, zu Schwartensäumen aufgeworfen, duckt sich wie zum Hohn unter eine Umstandskutte. Der Blick durchs Schlüsselloch hat ihr den kratzbürstigen Widerrist verbogen, der knochige Steiß kreischt unterm Humpelrock. Kammgarnklumpen kaschieren ihre krummen Fesseln. O je!

Dies Ungeheuer hatte Belacqua und, damit nicht genug, die Alba unter Absinthgewieher zur Lieferantentreppe, Rotweinbowle und versammelten Intelligentsia heraufgebeten. Die Alba, Belacquas derzeitige Angebetete, hatte im Namen ihres Scharlachkleides und ihrer breitflächigen, blassen und blasierten Miene mit Freuden zugesagt. Die Ballkönigin. O je!

Doch selten folgt aufs Erste nicht ein Zweites, und kaum war Chas abgeschüttelt, da entsprang der Grosvenor Bar auch schon der Selbsternannte Dichter, der sich den Mund abwischte; ein kleiner Aasfresser in Gestalt eines unbenamsten Politlaufburschen diente ihm als Kulisse. Der Dichter sog das unverhoffte Vergnügen zwischen die Zähne ein. Keine Bedekkung dämpfte die orientalisch goldene Legierung seines Kugelkopfs. Unter seinem Wally-Whitman-Umhang aus Irish Tweed mußte wohl ein Leib vermutet werden. Er machte den Eindruck, als hätte er eine Harke verloren und eine rhetorische Figur gefunden. Belacqua hatte es das Wort verschlagen.

»Stoff«, ordnete der Dichter mit Donnerstimme an.

Belacqua schlich ihm als begossener Pudel ins Grosvenor nach. Der Aasfresser erkundete luchsäugig seine Lenden.

»Und jetzt«, jubelte der Dichter, als hätte er gerade eine Armee über die Beresina geführt, »bestell dir was und kipp es runter.«

»Um Vergebung«, stotterte Belacqua, »nur einen Augenblick, wenn du gestattest.« Er watschelte aus der Bar auf die Straße und eilte im Galopp in die Kaschemme, wie der Staubsauger die Fluse nahm ihn die Tür des Gemüseladens auf. Das war nicht höflich. Aber bei einem Übergriff wurde er über die Maßen grob, nicht schüchtern unverschämt wie Stendhals Comte de Thaler, sondern hintenrum und absolut. Schüchtern unverschämt, wenn, wie durch Chas, gereizt; absolut und hintenrum bei einem Übergriff, und hinter dem Rücken von Tyrannen rasend grob. Das gehörte nun mal zu seinen kleinen Eigenheiten.

Er kaufte einem liebenswerten kleinen Schmutzfink eine Zeitung ab, nein doch, ein wunderhübscher kleiner Page, ein Schwarzverkäufer offensichtlich, dem er nicht drohen wollte; mit nur drei oder vier Blättern unterm Arm war er auf verschmierten nackten Füßen hereingeschlüpft. Belacqua gab ihm einen Fuffziger und ein Zigarettenbildchen. Er setzte sich allein in die Mitteltafel des Triptychons, die Füße so hoch auf die Laufstange gestützt, daß seine Knie bis über die Theke ragten (eine vorzügliche Stellung für den an Blasenschwäche und dem Hang zur Darmabsenkung Leidenden), trank sein verdrossenes Porter (von dem er aber doch nicht abzurücken wagte) und verschlang die Zeitung.

»Eine Frau«, las er mit einem Schauer der Erregung, »ist entweder eine Sitzriesin oder ein Hüftkoloß oder eine Schwenkrückseite oder ein Ballonbauch oder Durchschnitt. Wird die Büste zu streng eingerüstet, wogt Fett von Schulterblatt zu Schulterblatt. Gestattet man ihr Einebnung und Schlupf, quillt unansehnlich der Oberbauch hervor. Bei einem angesehenen Korsagenmacher ist Ihr Geld gut angelegt für die dekolletierte Korsett-Brassière aus bestem Kautschuk, Gummi und Elastikband, die Dehnteile im Zehnfachstich und mit eingebauten starren Stahlspiralen. Taille und Hüfte verblüffend gut gestützt, das ärmellose, rückenlose, schulterlose Abendkleid entfaltet seine schönste Wirkung ...«

O Liebesglut! O Brunst! Oder fehlten dem Scharlachkleid etwa alle diese Teile? War sie eine Sitzriesin oder eine Schwenkrückseite? Einen Sitz besaß sie nicht, zu Schwenkungen ließ sie sich nicht herab. Sie fügte sich in keine Unterteilung, in kein Korsett, war keine Frau im Fleische.

Das Gesicht des Schwarzrocks verschwamm und das von Grock erschien an seiner Stelle.
»Sagen Sie das nochmal«, sagte der rote Schnitt im weißen Kalk.
Belacqua sagte dasselbe nochmal und vieles obendrein.
»Nischt mööööööglisch«, stöhnte Grock und war verschwunden.
Belacqua machte sich jetzt allmählich Sorgen, ob nicht der schlimmste aller Fälle eintreten und das Scharlachkleid sich tatsächlich als rückenlos erweisen könnte. Zwar hatte er keine Zweifel, daß die so entkleidete Partie Balsam für wunde Augen wäre. Gewiß zeigten sich dann die Schulterblätter in klarem Umriß und so frei und leicht beweglich wie ein Kugellager. In Ruhestellung glichen sie den Schneiden eines Ankers, mit der anmutigen Furche des Rückgrats als Stamm. Er kam ins Sinnen über diesen Rücken, bestaunte ihn in Ehrfurcht. Er sah ihn als Schwertlilie und Spatelblatt mit zurückgeschlagenen Lappen, als Flügel eines Schmetterlings, der, Scharnier für beide, an einer Blüte sog. Dann, weiter schweifend, als Obelisk, als Drusenfuß, als Schmerz und Tod, als stummes Sterben, als gekreuzigten Vogel an der Wand. Dieses Gerüst aus Fleisch und Knochen eingehüllt in Scharlach, dies Herz aus reingewaschnem Fleisch, scharlachumflossen ...
Die Unsicherheit über den Kleiderschnitt stieg ins Unerträgliche. Er ging hinter die Theke und ließ sich mit ihrem Haus verbinden.
»Sie ist beim Anziehn«, sagte das Mädchen, die Venerilla, seine Freundin und Kupplerin in spe, »und spuckt Gift und Galle.«
Nein, sie konnte nicht geholt werden, sie schimpfte und fluchte seit einer Stunde in ihrem Zimmer vor sich hin.
»Mir gfrierts es Blut«, sagte die Stimme, »ich geh ihr nicht in die Näh.«
»Ist es am Rücken zu«, fragte Belacqua streng, »oder offen?«
»Was offen?«

»Das Kleid«, rief Belacqua, »was denn sonst? Ist es geschlossen?«
Die Venerilla bat ihn, am Apparat zu bleiben, bis sie es sich vor ihr inneres Auge gerufen hätte. Die Vorhaltungen dieses unfaßbaren Organs waren deutlich zu vernehmen.
»Sie meinen doch das rote?« sagte sie nach ungezählten Ewigkeiten.
»Den scharlachroten Mistfetzen, ja natürlich«, rief er in seiner Qual, »kennen Sie ihn nicht?«
»Bleiben Sie dran ... Es knöpftsi ...«
»Knöpft? Wieso knöpft ...«
»Es knöpftsi hintn nauf, mit Gottes Hilfe.«
»Sagen Sie das nochmal«, flehte Belacqua, »und nochmal und nochmal.«
»Wennis doch sag«, jammerte die Venerilla, »von hintn knöpftsis nauf.«
»Gott sei Lob und Dank«, sagte Belacqua, »und seiner seligen Mutter.«

Seelenruhig und übellaunig läßt die Alba jetzt, abgefeimt aufgedonnert, in der versenkten Küche die Zeit verstreichen und achtet ihrer Vasallin nicht, die Belacquas Sorgen ihr zu unterbreiten sich erkühnt hat. Sie ist von Schmerz bewegt, der Cognac steht nahbei, in einem weiten Schwenker am Herdrand zur Erwärmung. Hinter ihrer vornehm hingegossenen, elegant eingesunkenen Vorderfront geht, umwölkt von der dort beheimateten Trauer, eine angstbesetztere Zeremonie vor sich als die genießerischen Grübelns. Denn ihr Geist kniet auf der Betbank zu einem womöglich eitlen Zweck, sie spannt die innere Sprungfeder zu einem womöglich leichtfertigen Vorhaben. Ihr Äußeres ist ihr dato schnurz, sie schraubt sich hoch und höher, zieht ihre seelischen Gewichte auf, um sich zur Ball-, Bankett- und Partykönigin emporzusteigern. Jede nicht ganz so schöne Frau hätte solche Schachzüge verworfen und diese Art der Versenkung aus so schlichtem Anlaß für unangebracht gehalten, ja mehr noch, für eine arge Selbstentlarvung. Hier stehe ich, hätte eine weniger Begnadete sich vorgerechnet, die Königin: dort ist der Ball; mögen die zwei sich doch zusammentun, und die Sache hat sich. Soll damit unterstellt sein, in ähnlich simpler Denkungsart, die Alba hätte die Wirkung ihres Äußeren angezweifelt? Nie und nimmermehr. Sie brauchte ja ihren Blicken nur die Haube abzunehmen und freien Lauf zu lassen, und jedermann war ihrer Gnade ausgeliefert. Soweit keine Schwierigkeit. Aber was sie in Frage stellte, voll düsterer Ahnung, als kennte sie schon jetzt die Antwort, war die Angemessenheit einer Auszeichnung, die ihr in den Schoß fiel, einer Trophäe, nach der sie durch einen bloßen Augenaufschlag greifen konnte. Daß der leichte Sieg sie zunächst dagegen einnahm und ihn in die Heerschar all dessen verbannte, was nicht ihr Stil war, läßt sich nicht bestreiten. Doch das erschien ihr angesichts der Gesamtlage als nebensächlich. Sie ringt vielmehr mit der Mißachtung ihres Unterfangens, die sich in Belacquas Gedanken eingenistet hat, und zu der die ihren neigen. Seiner kaum zweifelhaften Nichtswürdigkeit muß sie sich stellen. Mißmutig und stumm, den Cognac bewußt nahbei, doch ohne Lust darauf, kurbelt sie sich an zum tatsächlich vollzognen Akt der Abwägung, vergoldet die auserwählte Schale, setzt ihr die Krone des Entschlusses auf. Sie wird es tun, wird, wird die Königin des Balles spielen, freudig, ernst, gewissenhaft, humiliter, fideliter, simpliciter, und nicht nur, weils ja doch klappt. Oder soll sie, die Frau von Welt, die Wissende, etwa zwischen zwei Absichten verharren, in der Meerenge zwischen zwei Zielen scheitern, im Unentschiednen hängenbleiben zu umso gewisserem Untergang? Sie, die Wissende? Von derartigem Stuß weit entfernt, drängelt sie jetzt zum Aufbruch. Und wagt nun auch, bis ihre Zeit gekommen ist, die Stunde schlägt, Teile ihrer Aufmerksamkeit mit Anweisungen zu beauftragen, wie ihre Züge, Hände, Schultern, Rückenteile umzuordnen wären, ihr Äußeres mit einem Wort, nachdem sie ihr Inneres längst mit scharfen Sachen gespickt hat. Sogleich bekommt sie Durst auf Hennessy. Sie singt sich etwas vor, zum eigenen Genuß, betont dabei alle Wörter, die nach Ton verlangen, wie Dan vor ihr trällert sie ohne Furcht noch Vorteil:

No me jodas en el suelo
Como si fuera una perra,
Que con esos cojonazos
Me echas en el cono tierra.

Der Eisbär, kurz Eibee, ein großer, alter genialer Geilkopf, hatte sich schon aufgemacht, sauste in einem hemmungslos sprichwörtlichen Schepperkasten von Bus über dunkle, regennasse Landstraßen und hatte sich mit dem hochtrabenden Überschwang eines Renaissancekardinals in ein reichlich müdes Wortgefecht mit einem alten Bekannten verstrickt, einem Jesuiten, der auch nicht grade aufs Maul gefallen war.

»Das Curriculum des Galiläers«, sagte er, denn nie griff er zu einem deutschen Wort, wenn ihm ein fremdes passender erschien, »ist die Tragikomödie eines Solipsismus, der nicht aufgibt. Die Demutszicken und Selbstattacken und Orgien von Herablassung stehen den Avanti-Rufen, der Hoffart und der Ichsucht in nichts nach. Er ist der erste große autarke Maulheld. In der rätselhaften Selbsterniedrigung vor dem auf frischer Tat ertappten Weib steckt ebensoviel größenwahnsinnige Präpotenz wie in der Einmischung in die Angelegenheiten seines Buhlen Lazarus. Er ist der Ahnherr des getricksten Selbstmords, der in so deutlichem Gegensatz zur ernsthaften empedokleischen Spielart steht. Ihm haben wir den elenden Nemo und seine coratés zu verdanken, die in Paroxysmen der Verachtung ihr Blut über ihr ungerührtes Publikum verspritzten.«

Er hustete sich einen dicken Schleimkloß aus der Lunge, wälzte ihn um durch seine gierige Gaumenhöhle und verstaute ihn in einer Ecke zu künftiger Einverleibung.

Pater Esjott, der auch nicht grade aufs Maul gefallen war, hatte eben noch die Kraft, seine Ermüdung anzumelden.

»Wenn Sie wüßten«, sagte er, »wie Sie mich anöden mit Ihrem zwei mal zwei ist vier.«
Eibee begriff nicht ganz.
»Sie öden mich mehr an«, nölte Pater Esjott, »als ein Wunderknabe.« Er hielt inne, um neue Kraft zu sammeln. »Der mit seinem bartlosen Sopran«, fuhr er fort, »dem Apotheker Borodin lieber folgt als Mozart.«
»Na jedenfalls«, gab ihm Eibee zurück, »war ihr geschätzter Mozart ein Magus in der Windelhose.«
Das saß, mal sehen, wie er den Hieb wegsteckte.
»Unser Herr –«
»Sprechen Sie bitte für sich selbst«, sagte Eibee, dem der Hafen überlief.
»Unser Herr aber nicht.«
»Er hatte es bereits bei der Zeugung hinter sich«, sagte der Eibee, »vergessen Sie das nicht.«
»Wenn Sie einmal erwachsen sind«, sagte der Jesuit, »und verstehen, daß es eine Demut jenseits des Masochismus gibt, dann sprechen wir uns wieder. Nicht cis-, sondern ultramasochistisch. Jenseits von Schmerz und Dienst.«
»Aber er diente eben grade nicht«, rief Eibee aus, »Ihr vielbeweint Verblichener. Nichts anderes sage ich doch. Ein Kammerdiener denkt nicht groß. Er hat die Zentralinstanz verraten.«
»Die Demut einer Liebe«, murmelte der Janitschar, »die sich zu gut zum Küchendienst ist und zu wirklich, um der Kasteiung zu bedürfen.«
Das Wunderkind schniefte höhnisch über diese bequeme Lösung.
»Sie richten sich die Dinge behaglich ein«, höhnte er, »das muß man sagen.«
»Der denkbar beste Grund für den Glauben«, sagte Pater Esjott, »liegt in seiner Unterhaltsamkeit. Unglauben«, sagte der Soldat Christi und machte sich ans Aufstehen, »langweilt. Wir zählen nicht das Wechselgeld. Wir ertragen einfach Langeweile nicht.«

»Verkünden Sie das von der Kanzel«, sagte Eibee, »und Getrommel wird Sie in den Urwald jagen.«
Pater Esjott lachte ausgiebig. War ein naiverer fauler Rechenkünstler als dieser Kerl überhaupt vorstellbar?
»Wollen Sie«, sagte er, und zog sich den Wintermantel an, »mein Allerbester, vielleicht die Güte haben, mich nicht mit einem Gemeindepfarrer zu verwechseln.«
»Ich halte fest«, sagte Eibee, »daß Sie nicht nach Eßabfällen gieren. Ihre Liebe ist zu groß für den Abwasch.«
»Stimmt genau«, sagte Pater Esjott. »Doch sind das ganz vortreffliche Leute. Eine Spur zu emsig, eine Spur zu sehr auf gute Wirkungsgrade aus. Aber sonst ...« Er stand auf. »Sie sehen«, sagte er, »daß ich auszusteigen wünsche. Ich ziehe an der Schnur, der Bus hält an und läßt mich raus.«
Eibee sah es.
»In eben einem solchen Gehenna der Folgerichtigkeit«, sagte der bemerkenswerte Mann mit einem Fuß auf dem Gehsteig, »habe ich meine Berufung gestählt.«
Mit welchen Worten er sich verkrümelt hatte; und damit war die Bürde seines Fahrgelds auf Eibee abgewälzt.

Die Freundin von Chas war ein Schottenflittchen. Er hatte ihr versprochen, sie auf dem Weg in die Casa Frica abzuholen, und beschwichtigte nun, in tadellos festgezurrtem zweireihigem Smoking, seine Ungeduld auf die säumige Straßenbahn, um einer Schar von Studenten die Welt zu deuten.
»Der Unterschied, wenn ich so sagen darf –«
»Ja«, riefen die Studenten una voce, »ja, bittesehr!«
»Der Unterschied, sage ich also, zwischen Bergson und Einstein, der wesentliche Unterschied, ist der zwischen einem Philosoph und Soziologen.«
»Ah«, riefen die Studenten.
»Doch«, sagte Chas und kramte die längste Verlautbarung hervor, die er loswerden konnte, bevor die jetzt um die Ecke beidrehende Tram auf seiner Höhe stand.

»Und wenn es inzwischen als witzig gilt, Bergson als Stockfisch hinzustellen« – er verzog sich zur Seite –, »dann weil wir uns vom Objekt« – er stürzte sich auf die Tram – »und der Idee auf SINN« – rief er vom Trittbrett herunter – »auf die VERNUNFT hin zubewegen.«
»Sinn«, tönte es von den Studenten wider, »und Vernunft!«
Die Frage war nur, was genau er unter Sinn verstand.
»Er muß die Sinne meinen«, sagte einer, »Geruch, versteht ihr, und so weiter.«
»Nein«, sagte ein zweiter, »er meint gewiß den Sinn fürs Praktische.«
»Ich glaube eher«, sagte ein dritter, »er meint Instinkt, Intuition, versteht ihr, solche Sachen.«
Ein vierter verlangte zu wissen, wo bei Bergson das Objekt war, ein fünfter, was Soziologe hieß, ein sechster, wie beide mit der Welt zusammenhingen.
»Wir müssen ihn eben fragen«, sagte ein siebter, »das ist das Einfachste. Wir dürfen uns nicht in unmaßgebliche Spekulationen verlieren. Dann zeigt sich schon, wer recht hat.«
»Wir müssen ihn fragen«, riefen die Studenten, »dann zeigt es sich ...«
Mit welcher Übereinkunft, daß der erste, der ihn traf, ihn zuverlässig fragen sollte, sie ihrer nicht allzuweit getrennten Wege gingen.

Das Haar des selbsternannten Dichters war so kurz geschoren, daß es sich jeder wirkungsvollen Bändigung roh widersetzte. Auch in diesem Votum für die Schmucklosigkeit eines Rattenhintern lag noch ein Bekenntnis zur Revolte gegen die Achtzehnhundertneunziger. Doch hatte er die wenigen Möglichkeiten ausgeschöpft und den Stoppeln mit einer Tinktur aus seinem Schrank zur Habtacht-Stellung verholfen. Auch hatte er eine neue Krawatte angelegt und den Hemdkragen gewendet. Nun schritt er, obgleich allein und unbeobachtet, auf und ab. Er arbeitete sein Gelegenheitsgedicht aus, das wohl im

Doppelsinn so heißen konnte, und das er in seinen Grundzügen unlängst, auf dem Fahrrad unterwegs vom Yellow House, entworfen hatte. Er wollte es vortragen, wenn ihn die Gastgeberin darum ersuchte, und dabei weder das Zagen und Geziere eines Pianodilettanten zeigen, noch ihr das Stück aufs Auge drücken wie ein Profi. Nein, er wollte dastehen und den Text aufsagen wie ein Mann, nicht etwa deklamieren, sondern darlegen in vollem Ernst, dem eindringlichen Ernst von Mittelwestirland, daraus die Träne stürzt:

Nachtwache auf dem Kalvarienberg

Das Wasser
Die Wüstenei aus Wasser

im Wasserschoß
Viole springt.

Blühfeuerwerk Flammengeblüh der Nacht welke mir
auf Wasserbrüsten eingefaltet, vollzogener
Akt von Blumengegenwart auf Wasser
Geruhsamer Vollzug des Kreislaufs in der Wüste
vom Aufstieg des Strahls
bis zurück zu Schoßes Bergung
in ungebrochener Biegung kronblättrigen Süßgeruchs
Sturmvogel in deiner Flaute
ertrinke mir
Lamm meiner Unerquicktheit

bis das Tosen blauen Blühens
gegen die Wand des Wasserschoßes dröhnt
der Wüstenei
des Wassers

Fest entschlossen, mit seiner starken Dichtung auch zu landen und einen Wirbel aufzurühren, wolle er sich um Himmels willen keinen Schnitzer in der Vortragsweise leisten, zu der er sich, als seinem Hydro-Stil noch am ehesten angemessen, entschlossen hatte. Tatsächlich mußte er das Ding herbeten können, damit es nicht wie hergebetet klang, und um den Eindruck zu erwecken, daß die Wehgeburt seiner Verlautbarung ihn seelisch in Stücke riß. Nach dem Vorbild des Jongleurs, der uns in Bann schlägt, indem er einmal, zweimal, dreimal danebengreift, um dann, vor Willenskraft schier geifernd, den Dreh zu meistern, glaubte er, daß seine kleine Nummer den Salon nur fesseln konnte, wenn das Schwergewicht weniger auf dem Inhalt des Vortrags als vielmehr auf der geistigen Selbstausweidung des Vortragenden lag. Deswegen also schritt er auf und ab, um sich die Wort- und Lauteffekte der Nachtwache am Kalvarienberg einzupauken.

Die Frica kämmte sich das Haar, nach hinten und nochmal nach hinten strählte sie die Purpurflechten, bis die Augen zu schließen zur Schwierigkeit erwuchs. Der Eindruck war der einer gedrosselten Gazelle, passender zu einer Abendrobe als der des werktäglichen Fohlens bei Fuß. Belacquas Ruby hatte auf früheren Fischzügen dieselbe straffe Sabinerinnencoiffure bevorzugt, bis Mrs Zach kraft ihres Einspruchs, ihr Vogelgesichtchen sehe damit aus wie eine abgelutschte Lakritzenraute, sie dazu bewogen hatte, das Ganze etwas aufzuplustern und zu kräuseln. Zu wenig Frommen, leider! denn mit Aureole glich sie allzusehr einer rosa Fettpuppe mit Klapperaugen. Auch war die Wirkung einer Raute, gelutscht oder gelockt, noch längst die schmachvollste Pflichtübung nicht, der sich ein Frauenantlitz unterziehen kann. Denn vor uns steht, und spart uns so die Fahrt nach Derbyshire, die Frica als reinste Vogelscheuche.
Gedrosselte Gazelle vermittelt schlecht die Vorstellung. Ihre Züge waren, als hätte sich die Hand eines mißgestalteten Unholds in ihrer Haartracht festgekrallt, mit gelöster Sicherung zur Rachensperre eingerastet. Sie hatte sich stirnrunzelnd die Brauen nachgezeichnet und nun infolgedessen vier. Geblendet wurde die Iris von einem weißen, flehentlichen Gejammer

überwölbt, die Oberlippe fletschte knurrend zu den unüberdachten Nüstern auf. Wann sie sich wohl die Zunge abbiß, war die brennende Frage. Das Nußknackerkinn konnte einen Auswuchs aus schilddrüsigem Knorpel nicht verhehlen. Unmöglich ließ sich der furchtbare Verdacht verscheuchen, ihre eingefallenen Mammen hätten, im Einklang mit dieser zerquälten Gesichtsausstülpung, Vordersteven ausgefahren, die sich in ihre Korsage bohrten. Aber ihre Miene, ein Sitz flammender Gekränktheit, wies jeden Einspruch ab. Sie brauchte bloß die Handfläche und Finger der Rechten in die der Linken zu legen und beide zusammen mit leichter Aufwärtsneigung vor die Brust zu halten, und schon wirkte sie wie eine nichtbezeugte Märtyrerin in der Brunft.

Die durchtriebene Gräfin von Parabimbi drückte sich, all dessen ungeachtet, mit dem Rücken durchs Gedränge, trat schlaksig der altrosa Gestalt der Urahnin vor Augen, die der Caleken Frica hoch und heilig war, und konnte sich des Ausrufs schlechterdings nicht enthalten:

»Aber Liebste, noch nie war ihre Caleken so umwerfend! Einfach sixtinisch!«

Was beliebten Gnädigste damit wohl zu meinen? Die Cumäische Sibylle am Aufsatzzügel, die die Brise nach einer Witterung der Gebrüder Grimm durchschnuppert? Ah, so verdeichselt pedantisch und kleinkrämerisch wollten Gnädigste denn auch wieder nicht sein, da konnte sie ja gleich die Kiesel in Däumlings Hosensack abzählen. Bloß ein verschwommener Eindruck, lediglich ihr Aussehen, diese sonderbare kalkige, wie mit Stiefelnägeln aufgerauhte Haut, so frescosa, von der Taille aufwärts, meine Liebe, mit diesem fehlfarben-kobaltblauen Anstandsfutteral, ein wahres Schmuckstück von genotzüchtigtem Quattrocento, ein wahres Juwel, meine Liebe, von einem verschwitzten Riesentrumm. Worauf die virginale Witwe, wohl wissend nach so langen Jahren, daß alles zwischen Himmel, Erde und den Wassern das ist, wofürs gehalten wird, gelobte, bis zu ihrer Abberufung das gelehrsame Lob ei-

ner derart ausgepichten Kennerin in liebendem Andenken zu bewahren.
»Maaaacchè!« blökt die Parabimbi.
Vorschnell vielleicht. Kann sein, wir haben das zu früh hierhergesetzt. Doch soll es jetzt verdammt auch stehenbleiben.
Zurück zur Frica: Die Türklingel ertönt nun schließlich doch noch, sie bimmelt ihren Ovidukt hinunter und galvanisiert sie vom Spiegel weg, als hätte ihr ein Verkündigungsfinger den Nabel eingedrückt.

Der Student, von dem wir nie erfahren werden, wie er hieß, war der erste Gast. Ein widerliches kleines Biest mit einer Denkerstirn.
»Ach Gottchen«, sprudelte er hervor und machte der Frica große braune della Robbia-Augen, »sagen Sie bloß, ich bin der erste.«
»Beruhigen Sie sich«, sagte Caleken, die einen Dichter gegen den Wind roch, »Ihr faux pas ist bald eingeholt.«
Dem Dichter folgte ein Schnatterschwaden von unbeschriebenen Blättern auf dem Fuß, dann ein öffentlicher Botaniker, ein Galway-Gäle, das Schottenflittchen und ihr Chas. Auf ihn drang der Student, seines Versprechens eingedenk, nun ein.
»In welchem Sinn« – darauf wollte er jetzt Antwort oder untergehen – »haben Sie Sinn gebraucht, als Sie unlängst sagten –?«
»Das hat er tatsächlich gesagt?« rief der Botaniker.
»Chas«, sagte Caleken, als gäbe sie den Namen eines Siegers bekannt.
»Adsum«, gestand Chas.
Im Entree zerpflatschte eine mit Schleim gefüllte Pflaume.
»Ich möchte nämlich wissen«, beklagte sich der Student, »wir alle möchten nämlich wissen, in welchem Sinn er Sinn gebraucht hat, als er sagte –«

Aus dem Innern eines Kohlkopfs aus unbeschriebenen Blättern heraus verhackstückte der Gäle für die Urahnin die neueste Caféhausphilosophie aus der Duke Street.
»Owen ...«, setzte er neu an, als ein namenloser Besserwisser, der sich so früh wie möglich in den Gang der laufenden Ereignisse einschalten wollte, ihm vorwitzig dazwischenfuhr:
»Welcher Owen?«
»Guten Abend«, dröhnte der Eisbär, »guten Abend, guten Abend, guten Abend. Wassn Wetter, Madame«, wandte er sich heftig und aus reinem Anstand an die Gastgeberin direkt, »Himmel nochmal! Wassn Wetter!«
Die Urahne hatte den Eibee so gern, als hätte sie ihn in Clerys Spielzeugparadies erstanden.
»Und dabei wohnen Sie so weit!« Wie gern hätte sie ihn auf den Knien geschaukelt. Er trug sich schäbig und war oft übellaunig.
»Zu lieb, daß Sie gekommen sind«, lullte sie ihn ein, »zu lieb von Ihnen.«
Der Rechtsgelehrte trat als nächster auf, sein Gesicht ein Blumenbeet von Pusteln, mit der Parabimbi und drei Nutten in Hintertreppenkleidung im Gefolge.
»Ich habe ihn daherschwanken sehen«, flüsterte Chas, »auf der Pearse Street, weiland Brunswick Street.«
»En route?« fand Caleken den Mut zu fragen. Sie war vor lauter Aufregung ein Stück über sich hinausgewachsen.
»Hein?«
»Auf dem Weg hierher?«
»Tja«, sagte Chas, »es tut mir leid, liebe Miss Frica, ob er hierherkommt oder nicht, hat er nich über alle Zwoifel klargestellt.«
Der Gäle sagte mit gekränkter Stimme zum Eibee:
»Hier möchte einer wissen, welcher Owen.«
»Das kann nicht sein«, sagte der Eibee, »ich bin erstaunt.«
»Der mit der süßen Zunge?« sagte ein Rothaariger aus dem Stamme Ham.
Das Urteil von Eibee stach mit scharfer, blanker Spitze zu.

»Der Emmerdeur«, höhnte er, »eine befremdlich süße Zunge!«
Die Parabimbi fuhr zusammen.
»Wie bitte?« sagte sie.
Caleken löste sich aus dem Rudel, sie trat an die Rampe.
»Was hält die Mädels nur solange«, sagte sie, nicht eben im Tonfall einer Frage.
»Und Ihre Schwester«, fragte der Botaniker, »Ihre reizende Schwester, wo bleibt sie bloß heute abend.«
Die Altvordere sprang in die Bresche.
»Leider«, sagte sie in schrillem Ton und großer Überstürzung, »im Bett, leidend. Eine herbe Enttäuschung für uns alle.«
»Nein, danke. Zum Glück nicht. Eine leichte Unpäßlichkeit. Armes kleines Löwenmäulchen.« Der Ahnfrau entpreßte sich ein schwerer Seufzer.
Der Eibee wechselte mit dem Gälen einen verständnisvollen Blick.
»Welche Mädels?« fragte er.
Caleken blähte die Lungen:
»Viola« – der Dichter bekam Herzklopfen, warum hatte er seine nux vomica nicht eingesteckt? –, »Lilly Neary, Olga, Elliseva, Weißbraut Maria, Alga, Ariana, lange Lib, schmale Sib, Alma, Beatrix, Alba –« Sie waren einfach zu viele an der Zahl, sie konnte nicht die ganze Liste durchgehen. Sie legte das Wortgesicker trocken.
»Alba!« entfuhr es dem Eibee. »Sie! die Alba!«
»Und warum«, griff die Gräfin Parabimbi ein, »warum nicht Alba, wer sie auch immer sei? Hätten Sie, sagen wir, das Weib von Bath denn eher erwartet?«
Ein unbeschriebenes Blatt erschien in ihrer Mitte und keuchte seine Frohbotschaft. Die Mädels waren eingetroffen.
»Meedels sind es zweifelsohne«, sagte der Botaniker. »Aber ob es *die* Meedels sind?«
»Jetzt können wir hoffentlich anfangen«, sagte Frica die Jüngere, und nachdem die Ältere weder ein Dafür noch ein Dawi-

der erblicken konnte, bestieg sie forsch das Podium und riß die Hülle von den Erfrischungen. Sie wandte der hohen Anrichte den Rücken zu und verlautbarte, mit der flügellahmen Geste einer gesteinigten Unschuld, die folgende Auswahl: »Bowle! Apfelsaft! Kakao! Preßsack! Pot-au-feu! Piroggen! Pichelsteiner! Halwa! Powidldatschn! Wackelpudding! Agar-Agar!«

Eine furchtbare Stille senkte sich über die Versammlung.

»Viel Gemuh«, sagte Chas, »und wenig Milch.«

Der ausgehungertere Teil der Gemeinde erstürmte die Plattform.

Zwei Romanschriftsteller auf dem Index, ein Bibliomane und seine Kebse, ein Paläograph, ein Violonist d'amore, der seine Fiedel in einem Sack mit sich führte, ein allgemein beliebter Stimmenimitator mit seiner Schwester und sechs Töchtern, ein noch beliebterer Professor für Schietistik und vergleichende Ovoidenkunde, der schon reichlich abgefüllte Aasfresser, ein kommunistischer Kunst- und Weißmaler frisch aus dem Moskauer Freigehege, ein Nabob, zwei ernst dreinschauende Juden, eine aufstrebende Lotterdirne, drei weitere Dichter mit den dazugehörigen Lauren, ein abgeschlaffter Cicisbeo, ein Korps Dramatiker, der unvermeidliche Abgesandte des Vierten Standes, eine Riege Schwarzhemden aus der Grafton Street, sowie der Kraftmensch Jemmy Higgins kamen nun, alle auf einen Schwung, herein. Sie waren noch kaum von der Menge aufgesogen, als die Parabimbi, hier ausnahmsweise einmal ganz das verlorene Schaf, weil ohne ihren Ehemann, den Grafen, der sich mit der Begründung, sie könne ihn mal kreuzweis, zu ihrer Begleitung nicht hatte verstehen können, unbedingt ihre Belobigung der Frica loswerden mußte, an denen der Ahnmutter wiegesagt so tief gelegen war.

»Maaaachè!« sagte die Gräfin Parabimbi. »Ich stelle ja nur fest.«

Sie hielt sich die Untertasse unters Kinn wie ein Kommu-

nionstablett. Lautlos stellte sie das Glas zurück in die dafür vorgesehene Delle.
»Hervorragend«, sagte sie, »ganz hervorragend, die Bowle.«
Die Ahnfrau lächelte von den Zähnen an nach auswärts.
»Wie lieb«, sagte sie, »wie gar zu lieb.«
Der Professor für Schietistik und vergleichende Ovoidenkunde ließ sich nirgendwo erblicken. Aber dazu war er auch nicht berufen, er war doch kein Rotzjunge mehr. Gehört zu werden, hieß sein Auftrag, und deutlich in weitem Umkreis war er denn auch zu hören.
»Als unser Byron ewigen Angedenkens«, nuschelte er, »von Ravenna aus in See stach, um an fernen Ufern seinen Mißmut ewigen Angedenkens durch den Heldentod zu krönen...«
»Ravenna!« rief die Gräfin aus, denn das Gedächtnis hatte sie an liebevoll gehegten Herzensbanden gezupft, »habe ich jemanden Ravenna sagen hören?«
»Gestatten Sie«, sagte die aufstrebende Lotterdirne, »ein Sandwich: Tomate, Gurke, Ei.«
»Wußten Sie schon«, stolperte der Rechtsgelehrte dazwischen, »daß man in Schweden nicht weniger als siebzig verschiedene Sorten von Smoergasbroed bekommen kann?«
Die Stimme des Zahlenfanatikers erscholl:
»Der Arcus«, sagte er, und die Schlichtheit seiner Worte war eine allseitige Verbeugung, »ist länger als die Sehne.«
»Gnädigste kennen Ravenna?« sagte der Paläograph.
»Ob ich Ravenna kenne?« rief die Parabimbi. »Sicher kenne ich Ravenna. Eine liebreizende und edle Stadt.«
»Dann wissen Sie natürlich«, sagte der Rechtsgelehrte, »daß dort Dante starb.«
»Haargenau«, sagte die Parabimbi, »das stimmt.«
»Dann wissen Sie natürlich«, sagte der Professor, »daß seine Gruft an der Piazza Byron steht. Ich habe seinen Epitaph stracks in Alexandriner übertragen.«
»Dann wissen Sie natürlich«, sagte der Paläograph, »daß zur Regierung Belisarius'...«

»Ach Liebste«, sagte die Parabimbi zur Altvorderen, »wie gut doch alles läuft. Welch schönes Fest, und niemand fühlt sich fremd. Ich muß gestehen«, gestand sie, »daß ich Sie um Ihre glückliche Hand für die Behaglichkeit beneide.«
Die Altvordere wies jede derartige Begabung matt von sich. ›Aichentlich‹ war es das Fest der Caleken, Caleken hatte ›aichentlich‹ das Ganze aufgezogen. Sie selbst hatte zu den Vorbereitungen kaum etwas beigetragen. Sie saß nur da und machte einen erschöpften Eindruck. Sie war nur eine müde alte Norne.
»Für den größten Triumph des Menschengeistes«, dröhnte der Professor mit der bei ihm gewohnten Beweiserschleichung, »halte ich persönlich die Berechnung des Neptun aus den Bahnabweichungen des Uranus.«
»Und den Ihren«, sagte der Eibee – ein Goldapfel und Silberschmuckstück von Antwort, wenns beliebt.
Die Parabimbi erstarrte zu einem Stock.
»Wie nochmal«, rief sie, »was sagt er da?«
Eine noch furchtbarere Stille sank über die Versammlung herab. Der Aasfresser hatte den kommunistischen Kunst- und Weißmaler geohrfeigt.
Die Frica fiel im Verein mit Mr Higgins über den Störenfried her.
»Gehen Sie«, sagte sie zu dem Aasfresser, »hier ist kein Ort für Ungebührlichkeiten.«
Mr Higgins, in der Vorstadtliga für seinen Nahkampftritt bekannt, machte mit dem Widerling kurzen Prozeß. Die Frica ging auf den armen K&W-Maler los.
»Es liegt nicht in meiner Absicht«, sagte sie, »hier Raufbolde zu dulden.«
»Er hat mich Bolschewistensau genannt«, begehrte der ruhmreiche Komsomolze auf, »und dabei ist er selbst ein Sozi.«
»Nichts mehr davon«, sagte die Frica, »nichts mehr davon.« Dann wurde sie sehr optativ. »Ich flehe Sie an.« Und damit trat sie flink zum Weihaltar zurück.

»Schreiben Sie sich das hinter die Ohren«, sagte der Gäle.
»Nichts mehr davon«, sagte der Muttersprachler.
»Ich flehe Sie an«, sagte der Eibee.
Und nun tritt ein, die über diesem Trubel steht, Alba, die todesmutige Tochter aller Fleischestriebe. Genau am Wendepunkt der Verstummung schritt sie wie eine Midinette nach vorn, um der Altvorderen ihre spöttische Verehrung zu entbieten, und entfachte den Zunder unter jedem Topf. Dem prasselnden Gekecker der Parabimbi kehrte sie den Scharlachrükken, erstieg das Podium, wandte, die Imbißteile still und schweigend überblickend, den Beiwohnenden das Profil zu und warf von dort die Netze ihrer Schwerkraft aus.
Die aufstrebende Lotterdirne wollte dahinterkommen, wie das ging. Die Schwester des Imitators vertraute der Schar der Neugierigen das herzlich Wenige an, was sie und ihre lieben Nichten von der Alba wußten, von der in gewissen, ihnen zugänglichen, hochanständigen Kreisen viel gemunkelt wurde, wenngleich zu entscheiden, was davon zutraf und was bloßer übler Tratsch war, sie sich außerstande sahen. Immerhin, was man auch davon halten wollte, soviel war klar...
Der Gäle, der Muttersprachler, ein Verfasser von Zukunftsromanen und der Violonist d'amore fanden sich wie von Zauberhand vereint.
»Nun?« ermunterte der Utopienschreiber.
»Re-echt ordentlich«, sagte der Gäle.
»Her-vorragend«, sagte der Violonist d'amore.
Der Muttersprachler schwieg.
»Nun«, hakte der Utopienschreiber nach, »Larry?«
Larry riß sich vom Anblick auf der Balustrade los, strich sich den Keltenrock über den Hüften glatt und sagte:
»Allmecht.«
»Was besagen soll?« fragte der Utopienschreiber.
Larrys flackernder Blick kehrte zum Podium zurück.
»Sie wissen nicht zufällig«, sagte er schließlich, »macht sie es denn?«

»Sie machen es alle«, sagte der Violonist d'amore.
»Von wegen alle«, stöhnte der Gäle, ricordandosi del tempo felice.
»Was ich wissen möchte«, sagte der Student, »was wir alle unbedingt wissen möchten ...«
»Manche enthalten sich«, sagte der Utopienschreiber, »da hat unser Freund ganz recht, aus Schüchternheit der Liebesfreuden. Schade drum, aber was wollen Sie.«
Rascher Witz will Sprünge machen, und so prallten Jemmy Higgins und der Eibee auf dem Podium aufeinander.
»Sie wirken blaß und krank«, sagte die Frica, »mein Täubchen.«
Die Alba hob das große Haupt vom Tisch, maß die Frica lange, schloß die Augen und ließ sich vernehmen:

Weh und Leid, Leid und Weh
Sind mein Los, spät und früh ...

Die Caleken wich zurück.
»Sagen Sie ihnen, sie sollen wegbleiben!« sagte die Alba.
»Wegbleiben!« hallte es von Caleken wider. »Wegbleiben?«
»Wir wandern durch die Welt«, bemerkte die Alba, »wie der Sonnenstrahl durch die gespaltene Gurke.«
Vom Sonnenstrahl war Caleken nicht restlos überzeugt.
»Trinken Sie ein Glas Bowle«, drängelte sie, »das wird Ihnen guttun. Oder ein Schlückchen Agar-Agar.«
»Sie sollen wegbleiben«, sagte die Alba, »weg, weg, weg, weg.«
Doch der Eibee und Higgins standen schon längst auf dem Podium und zingelten sie ein.
»Meinetwegen«, sagte die Alba, »lassen Sie's ruhig überlaufen.«
Pah! Die Frica fühlte sich unsagbar erleichtert.
Halb zehn. Die Gäste, angeführt von der aufstrebenden Lotterdirne und dem Cicisbeo im Niedergang, verteilten sich durchs Haus. Die Frica ließ sie gewähren. Wenn die Zeit reif

war, wollte sie die Alkoven abklappern, alle zusammentrommeln, damit das Fest wahrhaft beginnen konnte. Hatte Chas nicht etwas auf altfranzösisch angekündigt? Der Poet nicht eigens ein Poem verfaßt? Sie hatte in der Diele in den Sack gespäht und die Viola d'amore darin entdeckt. Ein bißchen Musik stand demnach auch in Aussicht.

Halb zehn. Im bitterkalten Regen spannte Belacqua alle Sinne an, um sich im Irrgarten des Lincoln Place zurechtzufinden, auf den er jetzt hinaustrat. Aber er hatte sich eine Flasche besorgt, sie war ihm wie eine Brust in der Tasche seiner Seemannsjacke. Schwankend setzte er sich von der Zahnklinik aus in Gang. Als Kind hatte er sich vor ihrer Fassade aus blutrotem Fensterglas geängstigt. Jetzt war sie schwarz, was ihm noch schrecklicher erschien, denn er hatte inzwischen so manche Kindlichkeiten abgelegt. Plötzlich geschwächt und fröstelnd, lehnte er sich gegen die Eisenpforte in der Collegemauer und sah sich über dem Geschäft von Johnston, Mooney und O'Brien die Uhren an. Bis neun Uhr nochwas war der Weltentrubel vorangetaumelt, und ihm verging die Lust am Aufrechtstehen oder gar Weiterlaufen. Dazu die Regendolche. Er hob die Hände vor die Augen, so dicht, daß er sogar noch im Dunkeln ihre Rillen erkennen konnte. Sie rochen übel. Er hievte sie zur Stirn, die Finger patschten ihm ins nasse Haar, die Ballen quetschten ihm stechendblaue Wolken aus den Augäpfeln, der Nackennut drehte sich im Kranzgesims und zwängte den Furunkel ein, der ihm wie immer aus dem Kragenrand sproßte. Er verstärkte Druck und Schmerz, denn nur so konnte er sichergehen, daß er noch er selber war.
Dann unvermittelt wurden ihm die Hände von den Augen weggerissen, die, daraufhin geöffnet, in die hochrote Riesenfratze eines Unholds blickten. Einen Moment lang stand sie, wie die von einem Spielzeugdrachen, still, verzog sich dann, wand sich in Krämpfen. Ob das wohl ein Gesicht ist, dachte er, aus dem es redet? Tatsächlich. Tatsächlich übergoß ihn ein

Bürgerwehrler aus diesem Körperteil mit Schmähungen. Belacqua schloß die Augen wieder, anders konnte er dem Anblick kein Ende machen. Er unterdrückte einen starken Drang, das Pflaster aufzusuchen, und kotzte mit einer Reichhaltigkeit, die keinen Eindruck schinden wollte, dem Bürgerwehrler über die Stiefel und Hosenaufschläge, worauf er für den unbeherrschten Auswurf einen derartigen Rippenstoß erhielt, daß er vom Schenkel bis zur Hüfte in die Randbezirke des eigenen Unflats stürzte. Er fühlte sich weder körperlich noch auch in seinem Stolz verletzt, sondern nur wohlig entkräftet und begierig, sich wieder auf den Weg zu machen. Es mußte schon nach zehn sein. Kein Groll gegen den Bürgerwehrler stieg in ihm auf, wiewohl dessen Rede allmählich zu ihm durchdrang. Er lag auf Knien vor ihm im Unrat, er hörte alle Häßlichkeiten, die der andere zur Erholung von schwerer Dienstausübung von sich gab, und doch regte sich nicht der leiseste Unwillen in ihm. Er suchte an dem naßglänzenden Umhang vor ihm nach einem Fingergriff und kam mit einem Klimmzug auf die Füße. Als er festen Stand gewonnen hatte, wurden seine Entschuldigungen für das Vorgefallene langatmig verworfen. Er gab Auskunft über Namen und Adresse, sein Woher und Wohin, mit Gründen, über seinen Beruf und sein gegenwärtiges Vorhaben, mit Gründen. Daraufhin erfuhr er zu seiner Bestürzung, noch einen Mucks, dann würde ihn der Mann auf die Wache abführen, zeigte aber Verständnis für den inneren Konflikt des Bediensteten.

»Stiefel abwischen«, sagte der Bürgerwehrler.

Belacqua folgte dem nur allzugern, denn das war nicht zuviel verlangt. Er zerknüllte den mitgeführten Twilight Herald zu zwei losen Ballen, bückte sich und säuberte damit so gut er konnte, das Schuhwerk und die Hosenaufschläge. Ein prachtvolles, riesiges Paar Stiefel kam zum Vorschein. Er stand auf mit einem verschmierten Papierknäuel in jeder Hand und sah schüchtern zu dem Bürgerwehrler auf, der offenbar mit sich rang, wie sich seine Überlegenheit noch schlagender ausmünzen ließe.

»Ich hoffe doch«, sagte Belacqua in gedämpften Tönen, die auch den Hartherzigsten erweichen mußten, »Sie finden eine Möglichkeit, über meinen Verstoß hinwegzusehen.«
Gerechtigkeit und Gnade hatten zweifellos zu ihrem Urquell im Gewissen des Bürgerwehrlers zurückgefunden, denn er schwieg. Belacqua hielt ihm die Rechte hin, nicht ohne sie zuvor am Ärmel abgewischt zu haben, und nichts Käuflicheres hatte er damit im Sinn, als den ›süßen Frieden‹ feilzubieten, den der unsterbliche Shakespeare uns schon anempfiehlt. Dem so dargereichten Glied geruhte der Nachfahre Dogberrys, nach kurzer Zwiesprache mit seinem lauteren Herzen, die Dienste eines Sputatoriums anzuvertrauen. Belacqua kämpfte ein Achselzucken in sich nieder und wollte sich seines Weges trollen.
»Stehengeblieben«, sagte der Bürgerwehrler.
Belacqua hielt an, aber auf eine aufmüpfige Art, als hätte ihm eine Erinnerung gedämmert. Der Wachtmann, dem Löwen verwandter als dem Fuchs, ließ ihn stillstehen, bis er das Pochen in seinem Loi-et-Ordure-Kopf unter dem Helm selbst nicht mehr ertragen konnte. Dann beschloß er, daß das kaum öffentlich zu nennende Ärgernis nun ausreichend behoben war.
»Weitergehen«, sagte er.
Belacqua entfernte sich und hielt dabei die zwei Papierknäuel fest umklammert, die er mit vollem Recht als Müll einstufte. Als er glücklich um die Ecke in die Kildare Street eingebogen war, warf er sie weg. Nach ein paar Schritten hielt er an, drehte um, eilte zu der Stelle zurück, wo sie unbehaglich auf dem Pflaster zappelten, und schleuderte sie in einen Hauseingang. Das stimmte ihn so frohgemut und aufgeräumt wie einen haeres coeli. Energisch folgte er seiner geplanten Route durch das Geniesel und flocht dabei ekstatisch schnörkelhafte Wortgirlanden. Er verfiel auf eine hübsche Miniatur und fand viel Genuß in ihrer Ausgestaltung: daß sein Abfall vom undeutlichen Gnadenstand der Flaschenleerung sich mit dem Aufstieg bis dorthin am angenehmsten Punkte überschnitten hätte. So

war der Vorgang zweifellos zu sehen. Bisweilen verschlang die Trinklinie sich ja zu einer Acht, und wem das Langgesuchte auf dem Weg nach oben zuteil geworden war, der fand es auf dem Weg nach unten wieder. Die Acht als Trinkfigur ganz ohne Bauchlandung. Man fiel nicht auf den Ausgangspunkt zurück, sondern begegnete im Herunterkommen sich selbst im Höhersteigen. Das konnte Anlaß zur Freude sein, wie jetzt; aber öfter noch zur Reue, dann suchte man sich schleunigst eine neue Heimat.

Auf einmal wollte ihm sein achtloser Gang durch den Regen nicht mehr genügen. So rasch, und zugeknöpft bis oben, dahinzulaufen, das hieß der Nässe und der Kälte Unrecht tun. Er blieb auf dem Mittelknick der Baggot Street Brücke stehen, zog sich die Jacke aus, legte sie über die Brüstung und setzte sich daneben. Der Bürgerwehrler war vergessen. Dann beugte er sich vor, winkelte das eine Bein an, das mit dem Absatz auf der Brüstung Halt fand, bis er (bewundernswerte Stellung) mit dem Knie ans Ohr stieß. Er zog den Stiefel aus und stellte ihn zur Jacke. Dann streckte er das Bein, um mit dem andern in gleicher Weise zu verfahren. Und jetzt entschloß er sich, den bitterkalten Nordwind ganz bis zur Neige auszukosten. Er schwang sich um die eigene Achse, sodaß die Füße über dem Kanal im Leeren baumelten und er den Trambahnen zuschauen konnte, die weit hinten wie irrwischhafte Rülpser aus dem Nichts über den Buckel der Leeson Street Bridge torkelten. Die fernen Großstadtlichter im Sauwetter, wie er sie liebte, der schmuddelige Lumpenprotestant! Ihm war sehr kalt. Er nahm die Jacke und den Gürtel ab und tat sie zu den anderen Kleidungsstücken auf die Brüstung. Dann knöpfte er sich die Hose auf und zupfte sich das Flanellhemd aus dem alten Fetzen, steckte sich die Zipfel unter den Pullover und wickelte sie miteinander im Uhrzeigersinn auf zur Wurst, bis die sich fest um seinen Brustkorb spannte. Der Regen prasselte ihm auf die Vorderseite und tröpfelte daran herunter. Das war über alle Erwartung angenehm, aber eisig. Nun half nichts mehr, er

schlug sich, erfüllt von Reue und Jammer über seine Untat, mit Marmorhänden fahrig an die dem bösen Sturm entblößte Brust und gab sich auf. Nein, daran hatte er nicht recht getan, das sah er ein, und aufrichtig bereute er die Verirrung. So saß er, trommelte mit Sockenfersen betrübt gegen den Stein und grübelte, wo in Himmelsnamen jetzt noch Trost zu finden wäre, als plötzlich der Gedanke an die mitgeführte Flasche seine Verdüsterung wie ein Sonnenstrahl erhellte. Der Zuspruch war nahbei, eine mit Chantré gefüllte Brust in seiner Jackentasche. Er wischte sich, so gut es ging, mit seinem Ziertuch trocken und machte sich präsentabel. Erst als alles wieder an Ort und Stelle war, die Jacke zugeknöpft, die Senkel in jedes Löchlein einzeln eingefädelt und festgezurrt, und keinen Lidschlag früher, gönnte er sich den Genuß, die Flasche auf eins zu kippen. Dies bewirkte, daß alle sogenannten Lebensgeister neu, wie man wohl sagt, in ihm erwachten. Mit quatschenden Schuhen trabte er davon, fest entschlossen, wenn ihn die Kräfte nicht verließen, den Dauerlauf bis zur Casa Frica durchzuhalten. Mit hochgeworfenen Ellbogen galoppierte er dahin und hoffte inständig, sein Auftritt möchte nicht allzu großes Aufsehen erregen.
In der vergangenen wildbewegten Stunde hatte sein Geist die Muße nicht gefunden, sich die jetzt bevorstehenden Schrecknisse gehörig auszumalen. Nicht einmal das Scharlachkleid der Alba – obwohl die halbherzige Versicherung der Venerilla, es knöpfe sich mit Gottes Hilfe hinten zu, letzte Bedenken nicht hatte ganz zerstreuen können – lastete mehr auf seiner Seele. Doch als jetzt die Frica aus dem malvenfarbenen Salon angetrapst kam, um ihn in der Diele abzufangen, und ihn der Schock dieses Zusammentreffens in etwas Schlimmeres als Ernüchterung versetzte, trat ihm der volle Ernst der Lage mit der Gewalt eines immateriellen Dammbruchs ins Bewußtsein.
»Da sind Sie ja endlich«, japste sie.
»Es hat mich angeschwemmt«, sagte er grob.
Sie fuhr mit aufgerissenen Glupschaugen zurück und schlug sich die Hand vor das Gebiß. Er hatte sich doch nicht mutwillig dem

Tod und der Verdammnis, oder dergleichen mehr, in die Arme geworfen? Er tropfte vor sich hin und stand bestürzt in der kleinen Lache, die sich zu seinen Füßen sammelte. Wie sie die Nüstern blähte!

»Sie ziehen mir das nasse Zeug aus«, sagte die Frica, wie brachte sie nur rasch genug die Linse ins Schlüsselloch, »aber augenblicklich!« Der Ärmste war ja naß bis auf die... Haut! Die Frica war nicht auf den Mund gefallen. Wenn sie Haut meinte, sagte sie auch Haut. »Kein Faden bleibt mir am Leibe«, trielte sie, »weg damit, und zwar sofort.«

Aus dem Gesicht im ganzen, das wie der gespannte Hahn einer geladenen Büchse wirkte, und der haarsträubenden Einzelheit der Oberlippe, die sich enten- oder kobraartig dem bibbernden Rüssel hohnverzerrt entgegenbäumte, schloß er auf Entflammung irgendeiner Art. Und wahrhaftig war sie aus duseliger Belämmerung jäh zu den höchsten Graden von Mut und Glut entfacht. Endlich eine hübsche kleine Abwechslung! Gleich schlug sie einen Purzelbaum. Belacqua hielt es für angebracht, den Antrieb rechtzeitig zu unterlaufen.

»Nein«, sagte er, »wenn ich vielleicht ein Handtuch haben dürfte ...«

»Ein Handtuch!« Sie erstickte schier vor Spott, sodaß sie sich, lieber säumig als gar nicht mehr, die Nase putzen mußte.

»Nur für die gröbste Nässe«, sagte er.

Die gröbste Nässe! Aber wie aberwitzig dieser Ausdruck, wo er doch offensichtlich völlig durchgeweicht war.

»Bis auf die Haut!« rief sie.

»Nein«, sagte er, »lediglich ein Handtuch ...«

Die Caleken, obgleich, wie sich wohl denken läßt, tief vergrätzt, kannte ihren Pappenheimer gut genug, um seinem Entschluß, von ihr keine innigere Fürsorge als ein geliehenes Handtuch anzunehmen, die Unabänderlichkeit anzumerken. Auch wirkte sich im Salon ihre Abwesenheit inzwischen hörbar aus, die Mäuse fingen bereits zu tanzen an. So trapste sie mit einem säuerlichen Blick hinaus – Kuh, dachte Belacqua,

und brachte sich barfuß vor McCabe in Sicherheit – und war sogleich mit einem riesenhaften Zottellaken und einem Gästehandtuch wieder zur Stelle.
»Sie holen sich den Tod«, sagte sie mit dem strengen Polypennäseln, das ihm so wohlvertraut war, und ließ ihn stehen. Wieder unter ihren Gästen, kam es ihr vor, als hätte sie das Ganze, im Traum oder gerüchtweise, schon einmal erlebt.
In gedämpfter Unterhaltung mit dem Flittchen wartete Chas nun doch recht bang auf den Aufruf zu seinem Beitrag. So kam es zu dem berühmten Zwischenfall, daß er, als wären ihm seine guten Geister lästig und seine nagelneue toga virilis allmählich zur Beschwer geworden, eine sonst untadelige Darbietung mit dem Vierzeiler enden ließ:

Toutes êtes, serez ou fûtes,
De fait ou de volonté, putes,
Et qui bien vous chercheroit
Toutes putes vous trouveroit.

Die Alba, die wir um der Errettung Belacquas willen gezwungen waren, gerade in dem Augenblick sich selbst zu überlassen, als sie mit gewohntem Ungestüm die bittere Pille schluckte, eröffnete ihre Attacke damit, daß sie Mr Higgins und den Eibee in hohem Bogen, es gibt kein anderes Wort dafür, vor die Tür setzte. Worauf sie, ohne sich zu einem Anteil an dem Hasch-mich-Häschen, Kussi-Bussi herabzulassen, das sich, von der aufstrebenden Lotterdirne und dem abgehalfterten Cicisbeo angestiftet, wie ein Steppenbrand übers ganze Haus verbreitet hatte, bis es von First bis Souterrain in Flammen stand, in der ihr eigenen, unnachahmlich stillen Weise sich anschickte, all jene einzufangen, die ihr Gelüst auf die ekelhafte Schmuserei ausdrücklich gezügelt hatten, um diese blasse, kleine, so überaus beherrschte und im besten Sinn weltläufige Person im Scharlachkleid genauer zu erkunden. Sodaß sie in den Augen ihres Schöpfers und Belacquas Abwesenheit an diesem Abend sehr wohl als guter Genius in der Casa Frica gelten konnte.

Ihr war nicht in den Sinn gekommen, obgleich dem unansehnlichen Helden in der ihr eigenen, recht tastenden und windungsreichen Art durchaus zugeneigt, ihn zu vermissen oder auch nur in die Erinnerung zu rufen, es sei denn allenfalls zu Zeiten, da er als ziemlich scharfsichtiger Zuschauer mit seinen fest auf sie gerichteten, bebrillten Augen und einem wie verrückt ausschlagenden Nonius der Wertschätzung ihre Belustigungen womöglich doch mit einer kleinen Prise Salz versah. Unter all denen, die die Frica unerbittlich aus ihrem sinnlichen Genuß verbellte, hatte sie sich einen der ernst dreinschauenden Juden, den mit den gallengelb verklebten Augenlidern, sowie den Nabob zur eigenen Beute auserkoren. Sie wandte sich dem Juden zu, aber zu lasch, wie einer faden Kost, und wurde abgeschmettert. Kaum hatte sie mit neuen Reizen nachgeladen und den unterhaltsamen Missetäter, an dem sie, mit innerlichem Händereiben, ein höchst lehrreiches Exempel zu statuieren beschloß, genauer aufs Korn genommen, da verkündete die Frica, der die Abfuhr noch immer in der Seele brannte, in giftigen Tönen, Monsieur Jean du Chas, den Tonangebenden in Dublin als talentstrotzender Nonpareil zu wohl bekannt, als daß er einer Einführung bedürfte, habe sich freundlich zum Ballanstoß bereit erklärt. Von einer wie tiefen Befriedigung auch erfaßt, wäre Chas jetzt unverzüglich mit Tode abgegangen, gab sich die Alba keine Mühe, ihre Heiterkeit zu zügeln, darin vom Eibee selbstredend röhrend unterstützt, als er mit dem oben angeführten, sittenlosen Kernspruch herausplatzte; und umso weniger fand sie sich durch die Beobachtung dazu veranlaßt, wie bitter-süßlich sich der Paläograph und Parabimbi, von der Frica bei einer leichten Schlüpfrigkeit ertappt, des allgemeinen Beifalls enthielten, der seinen Abtritt von dem Podium begrüßte.
Dies, im allergröbsten, die Lage, als Belacqua auf der Bildfläche erschien.
Bei der Betrachtung des Verdreckten unterm Türstock, der seine riesenhafte Brille umklammert hielt (eine Schutzmaß-

nahme, die er niemals außer acht ließ, wenn er verlegen *wirkte* – wirkte in Kursivschrift, denn daß er nicht verlegen *war*, das kam nicht vor), innerlich mit einem hübschen kleinen Problem tief beschäftigt, das sich in der Diele aus dem Nirgendwo erhoben hatte, und zweifelsohne in Erwartung irgendeiner lieben Seele, die ihn jetzt zu einem Stuhl geleitete, schien es der Alba, als hätte sie noch keinen Menschen je erblickt, Mann oder Frau, der so sehr einem unumschränkten Trottel glich. Um wie Gott zu sein, dachte sie, maßt er sich knechtisch eine popelige Bosheit an.

»Wie etwas«, sagte sie zu ihrem Nachbarn, dem Eibee, »was ein Köter anschleppt.«

Der Eibee spielte hoch und überreizte.

»Wie etwas«, sagte er, »das er, nachdem er sich bedacht hat, doch lieber liegenläßt.«

Er keckerte und schniefte über das alberne Bonmot, als hätte er es selbst erfunden.

In einer ununterdrückbaren Regung des Erbarmens sprang die Alba von ihrem Stuhl auf.

»Nino«, rief sie ohne Scham und Umstand.

Der ferne Ruf erquickte Belacqua wie ein Halbliterglas Perrier im Verlies.

»Rutsch den Bettrand hoch«, befahl sie dem Eibee, »mach Platz.«

Die ganze Reihe mußte eins nach oben rücken. Wie der Tanz um den Totempfahl in Rosa-Maria, dachte die Alba selbstgefällig. Belacqua ließ sich auf das freigewordene untere Ende plumpsen wie ein Kartoffelsack. Wie man bemerkt, stehen die beiden endlich in Konjunktion. Doch nun erhob sich das Problem, sie auf die andere Seite zu bugsieren – denn rechts von jemand zu sitzen, konnte er um keinen Preis ertragen –, ohne dabei an den Eibee gequetscht zu werden. Obwohl es kaum einen gewieften Kombinatoriker zu der Einsicht brauchte, daß die erwünschte Anordnung nur durch einen Platztausch mit dem Eibee herzustellen war, wobei die Alba ihre Lage beibehalten konnte, ging ihm, unter einem Gegackse von wirren Rufen, viel kostbare Zeit verloren, weil er unter den sechs möglichen Sitzfolgen nicht die herausfand, die allein sich der Bedingung fügte. Blicklos, gesenkten Kopfes saß er da und zupfte unbestimmt an seiner alten Schmuddelhose. Als sie ihm die Hand an den Ärmel legte, raffte er sich auf und sah sie an. Zu ihrem Abscheu ließ er Tränen fließen.

»Geht das schon wieder los«, sagte sie.

Die Parabimbi hielt es nicht länger aus. Mit gerecktem Hals klammerte und krallte sie sich an den halberstickten Paläographen und fragte ziellos durch die Gegend:

»Was gleich nochmal? Wer ist das? Sind das Manzonis Verlobte?«

»Ich war verblüfft«, sagte eine Stimme, »schlechthin verblüfft, zu lesen, daß Sheffield noch hügliger als Rom ist.«

Belacqua strengte sich unmenschlich an, die herzliche Begrüßung des Eibee zu erwidern, doch er scheiterte. Er wollte sich sehnlichst zu Boden gleiten lassen, um den Kopf auf den schlanken krapproten Schenkel seiner Auserwählten zu betten.

»Die Bifurke«, so der Ovoidologe, »ein reines Monotheistenhirngespinst, von Jesus und Platon sophistisch dem geschändeten Mutterschoß reiner Vernunft entsteißt.«

Wer wird sie je zum Schweigen bringen? Wer beschneidet ihnen je die Lippen von der Rede? Die Frica ließ sich von der Betrampelung des Podiums durch nichts hindern.

»Maestro Gormely«, sagte sie, »spielt nun vor.«

Maestro Gormely gab auf der Viola d'amore Scarlattis Capriccio ohne alle Beihilfe oder Begleitung zum besten. Er erntete keinen nennenswerten Beifall.

»Plato!« höhnte der Eibee. »Habe ich hier Plato nennen hören? Dieser ungewaschene kleine Bagno-Böhme!« Dies dem Feind wärmstens aufs Aug gedrückt, wenn man so will.

»Mr Larry O'Murcahaodha« – im Mund der Frica klang er wie Vermurkster Hader – »singt nun vor.«

Mr Larry O'Murcahaodha zerfetzte mehr muttersprachliches Material, als recht und billig war, zu Scheuerlappen.
»Ich ertrag das nicht«, sagte Belacqua, »ich halte das nicht aus.«
Die Frica warf den Dichter in die Bresche. Sie teilte den Beiwohnenden mit, daß sie die Ehre hätten.
»Ich glaube mich richtig in der Ansicht«, bleckte sie die Zähne zu der Lüge, »daß es sich um eine seiner jüngsten Kreationen handelt.«
»Ein Essigguß«, stöhnte Belacqua, »in einen Salpeterhaufen.«
»Versuch jetzt bloß nicht«, sagte die Alba, die für ihren trostlosen Bewunderer allmählich das Schlimmste fürchtete, mit gezwungener Herzlichkeit, »mir wie die Mrs. Gummidge vorm Unterkriechen was vorzujammern.«
Ah, ihn verlangte nicht im mindesten danach, ihr irgendwann im Reigen ihrer Erlebnisse oder sonstwem irgendetwas vorzujammern. Seine Trübsal war tief und ungekünstelt. Er hatte alle Hoffnung aufgegeben, sie dort zu sehen, wo er sie sich wünschte, konnte weder zu ihrer Linken noch zu ihren Füßen sitzen. Ihm lag jetzt einzig noch, bevor sein Seelenschiff den Anker lichtete, an einem lieben Retter aus der Not; denn mit eigenen Kräften konnte er sich den Wolf, der ihm an den Fersen hechelte, nicht mehr lang vom Leibe halten. Er lehnte sich zu dem Eibee hinüber.
»Verzeihung«, sagte er, »wenn Sie vielleicht so freundlich wären –«
»Motus!« schrie der Bibliomane aus der Hinterreihe.
Der Eibee erbleichte, was verständlich war.
»Laßt den Mann gefälligst fertigsingen«, zischte er.
Belacqua setzte sich wieder auf und sagte sich mit lauter und verzweifelter Stimme ein Fremdwort vor, das er verstehen konnte.
»Was singt der da?« flüsterte die Alba.
Belacqua war ahnunglos, er führte ihr in einer raschen Pantomime den König von Brobdingnag vor.
»Was der da singt«, sagte die Alba, »verdammt nochmal.«

»Laßt den Mann fertigsingen«, grummelte er, »warum soll der Mann nicht fertigsingen dürfen?«
Ein in den Annalen des Malvenzimmers einmaliger Beifallssturm gab zu erkennen, daß dem das vielleicht schließlich doch gelungen war.
»Los«, sagte die Alba.
Belacqua sog zur Stärkung den stechenden Geruch der Versammlung tief in sich ein und schnurrte dann, so überstürzt, als wollte er mit einem Zungenbrecher glänzen, das angelesene Quodlibet wie folgt herunter:
»Wenn ich mit Gleichmut zurück an meinen Kummer denke, find ich im Geiste Gleichmut, im Gedächtnis Kummer. Der Geist betrachtet seinen Gleichmut gleichmütig; doch das Gedächtnis seinen Kummer ohne Trauer.«
»Nochmal«, sagte sie, »und nicht so schnell.«
Der zweite Durchgang kam recht gut voran, da unterbrach die Alba ihn mit einem Einfall.
»Bring mich heim«, sagte sie.
»Hast dus kapiert?« sagte Belacqua. »Ich nämlich nicht.«
Sie bedeckte seine Hand mit ihrer Hand.
»Ich möchte bloß wissen«, sagte der Student.
»Magst du?« sagte sie.
»Ich entnehme der Zeitung«, sagte der Jurist wohlmeinend zu Chas, »daß eine Matrosenmannschaft den Eiffelturm mit nicht weniger als vierzig Tonnen Gelb neu anstreicht.«
Die Frica kehrte zurück. Sie hatte sich von einem Abtrünnigen ein fadenscheiniges Märchen von einer letzten Tram anhören müssen, ihn vom Kampfplatz geleitet, und schien einen neuen Ansturm auf das Podium vorzuhaben. Ihr Gesicht war mit Empörung übergossen.
»Schnell«, sagte Belacqua, »bevor es losgeht.«
Die Frica stürzte hinter ihnen her, es entquollen ihr ganze Bäche von Übellaunigkeit. Belacqua hielt der Alba die Gartentür auf. Sie schwankte, ob sie die Höfliche spielen und ihm vorangehen sollte.

»Ladies first«, sagte er.
Er blieb dabei, daß sie ein Taxi zu ihr nach Haus nehmen sollten. Unterwegs fiel ihnen nichts zu sagen ein. Je t'adore à l'égal ... »Kannst du den Fahrer zahlen«, sagte er, als sie da waren, »mein letztes Geld ist für eine Flasche draufgegangen.«
Sie gab ihm Geld aus ihrer Tasche, und er beglich die Fahrt. Sie standen einander auf dem Asphalt vor der Pforte gegenüber. Der Regen hatte fast aufgehört.
»Also dann«, sagte er und überlegte sich, ob er vor seinem Abgang noch einen schnellen Handkuß wagen sollte. Er leitete die Geste ein, doch sie entzog sich und lüpfte den Türriegel.
Tire la chevillette, la bobinette cherra.
Man verzeihe diese französischen Wendungen, aber der sonderbare Kauz träumt nunmal französisch.
»Komm herein«, sagte sie, »drinnen gibts ein Feuer und eine Flasche.«
Er kam mit. Nicht lange, dann saß sie gewiß in einem Stuhl und er am Boden, und ihr Schenkel tat seinem Furunkelsproß wohler als ein heißer Umschlag. Dann noch die Flasche, einige leichtbegreifliche Tränen und der Stromstoß ihrer Finger in den paar Haaren, die ihm geblieben waren.
Nischt mööööööglisch ...

Und nun fiel der Regen neuerlich zur Erde nieder und brachte die weihnachtliche Geschäftigkeit jeder Art arg ins Stocken, denn er ließ geschlagene sechsunddreißig Stunden nicht mehr nach. Einem Himmelsgeschöpf aus Reggio Emilia nannte Belacqua ungefähr zu Dreikönig aus gegebenem Anlaß den Dezemberniederschlag, wie man ihn im Garten des Dozentenheims der Dubliner Universität ausgekocht hatte. Daraufhin der Ausruf:
»Sanguedidioporcamadonnavaffanculolamammata!«
Genauso, in einem Atemzug. Was aus Menschen nicht alles herauskommen kann!
Aber der Wind hatte sich gelegt, wie so oft, wenn die ehrbaren

Leute, die er in Dublin mit Vorliebe plagt, schlafen gegangen sind, und es regnete gleichmäßig und gelassen vor sich hin. Es regnete auf die Bucht, auf die Küste, die Berge und die Ebenen, und besonders auf den Dubliner Zentralsumpf regnete es mit ausgesprochen trostloser Stetigkeit.

Als daher Belacqua, der rastlose Erdenbürger, lange nach Mitternacht aus der Casa Alba kam, ließ sich gar wohl von einem sichtbarlichen Dunkel reden. Das Licht der Straßenlampen war erloschen, wie das von Mond und Sternen. Er trat weit hinaus bis auf die Trambahnschienen und ging jede zugängliche Handbreit des Himmelszeltes durch; dann erst fand er Ruhe in der Sicherheit, daß alles schwarz war. Er riß ein Streichholz an und schaute auf die Uhr. Sie stand. Geduld! Eine Stadtuhr sprang gewiß willig ein.

Die Füße taten ihm so weh, daß er seine durchaus noch ordentlichen Stiefel auszog und mit den besten Weihnachtsgrüßen für einen Frühaufsteher wegwarf. Dann watschelte er den ganzen Weg nach Hause. Seine Zehen jubelten über ihre Freiheit auf. Doch was er damit in puncto Bequemlichkeit gewann, wurde rasch mehr als aufgewogen durch ein Bauchweh von noch nie erlebten Graden, unter dem er sich mehr und mehr zusammenkrümmte, bis schließlich sein Rumpf zum Horizont in jämmerlicher Parallele lag. So schleppte er sich voran. Als er bei der Brücke über den Kanal angelangt war, nicht der von Baggot Street, auch nicht der von Leeson Street, sondern noch eine weiter zum Meer hin, gab er auf und ordnete seine Knie und Ellbogen zur Hockstellung auf dem Pflaster an. Der Schmerz ließ langsam nach.

Was war das? Er schüttelte sich die Brille vom Kopf und beugte ihn zu genauerer Sicht tiefer. Das waren doch seine Hände! Wer hätte das gedacht! Ob die noch funktionierten? Er schloß sie zur Faust, öffnete sie wieder, bewegte sie vor seinen baßerstaunten schwachen Augen hin und her. Dann streckte er sie, Finger für Finger gemeinsam, beide auf einmal aus, und da hatte er sie, wo er wollte: weit offen, die Handflächen nach oben, säuerlich riechend und zentimeternah vor seinem schielenden Blick, der sich dann aber, als seine Teilnahme an der Kuriosität erlosch, allmählich wieder ausrichtete. Eben wollte er sich damit im Gesicht zu schaffen machen, da forderte ihn eine diesmal eher traurige als zornige Stimme zum Weitergehen auf, und dem folgte er, da der Schmerz so merklich nachgelassen hatte, nur allzugern.

# Von Liebe und Lethe

Die Zachs, bestehend aus Mister, Missis und Ruby, ihrem Augenstern, wohnten in einem kleinen Haus in Irishtown. Nach der Hauptmahlzeit, die sie mittags einnahmen, verzog sich Mr Zach auf ein Schläfchen in sein Zimmer, und Mrs Zach und Ruby in die Küche auf eine Tasse Kaffee und einen Schwatz. Die Mutter war kleinwüchsig, blaß und dicklich, erstaunlich wohlerhalten, wiewohl über den Wechsel längst hinaus. Sie goß eine genau bemessene Menge Wasser in den Topf und setzte ihn zum Kochen auf.

»Wann kommt er?« sagte sie.

»Er meinte gegen drei«, sagte Ruby.

»Mit Auto?« sagte Mrs Zach.

»Er hoffte schon mit Auto«, antwortete Ruby.

Mrs Zach hoffte das inständig auch, denn ihr schwebte eine Miteinladung zu der Spritztour vor. Zwar wäre sie lieber tot umgefallen, als ihrer Tochter im Weg zu stehen, aber sie sah doch nicht ein, wenn sie sich auf dem Rücksitz kleinmachte, was gegen ihre Teilnahme an dem Vergnügen sprechen könnte. Sie schüttete die Bohnen in die kleine Mühle und zermahlte sie energisch. Ruby, die zu allem Übel auch noch an Neurasthenie litt, stopfte sich die Finger in die Ohren. Mrs Zach ließ sich an dem Holztisch nieder, für wenn das Wasser kochte, und schaute zum Fenster auf das herrliche Wetter hinaus.

»Wo fahrt ihr hin?« sagte sie mit der natürlichen Neugier der Mutter für alle Anbelange ihres Kindes.

»Weiß ich doch nicht«, antwortete Ruby, die solche Fragen gerne übelnahm.

Der Besprochene mit seinen Hoffnungen auf einen Besuch um drei mit Auto war kein anderer als Belacqua, über dem das Unheil hing.

Als dann das Wasser kochte, stand Mrs Zach auf, gab den Kaffee hinein, drehte das Gas zurück, rührte kräftig um und ließ den Topf weiterköcheln. So sonderbar diese Art der Zubereitung auch wirken mag, der Anlaß gab ihr recht.

»Komm, ich setz dir einen Tee auf«, bettelte Mrs Zach. Aller Müßiggang war ihr ein Greuel.
»Ach nein«, sagte Ruby, »nein danke, wirklich nicht.«
In der Diele schlug die Uhr zweimal. Es war halb drei, die Stunde Null in Irishtown.
»Halb drei!« entfuhr es Mrs Zach. Daß es schon so spät war, hätte sie nie gedacht.
Ruby freute sich, daß es nicht früher war. Kaffeeduft zog durch die Küche. Sie hatte noch schön Zeit, über ihrem Täßchen vor sich hin zu träumen. Aber daraus wurde natürlich nichts, das wußte sie, wenn ihre Mutter jetzt die Redelust bekam und vor Fragen und Ratschlägen schier barst. Als daher der Kaffee zugeteilt war, und die Mutter es sich gemütlich gemacht hatte für das jetzt anstehende Seelenschwätzchen, sagte sie unvermittelt:
»Du, Mutter, wenn es dich nicht stört, nehme ich meinen lieber mit aufs Klo, ich fühle mich nicht besonders.«
Mrs Zach war Rubys Schrullen gewohnt und nahm sie im allgemeinen mit Gleichmut hin. Diese Laune aber war denn doch das Allerneueste. Kaffee im Klo! Was würde Vater sagen, wenn er das erfuhr. Aber seis drum.
»Und den Feurio«, sagte Mrs Zach, »trinkst du den auch im Klo?«
Ein Feurio, Leser, ist ein Tropfen, der es in sich hat.
Ruby stand auf und trank hastig einen Schluck Kaffee ab.
»Gib mir lieber einen Pharisäer«, sagte sie.
Ein Pharisäer, Leser, ist mit Cognac abgerundeter Kaffee. Mrs Zach goß einen kleineren Schluck Cognac in die hingehaltene Tasse, als sie normalerweise zugestand, und Ruby ging hinaus.
Belacqua kennen wir in mancher Hinsicht, aber Ruby Zach ist ein Neuling dieser Zeilen. Damit der Leser dieses unerhörte Abenteuer nur ja nicht als wirren Schnickschnack abtun möge, wollen wir uns der Flaute jetzt bedienen, derweil Belacqua des Weges kommt, Mrs Zach in ihrer Küche Trübsal bläst und

Ruby überm Pharisäer ihren Träumen nachhängt, das letzterwähnte Wesen etwas weiter zu entwickeln.

Über lange Zeit hinweg war, wegen ihrer schönen äußeren Erscheinung und vielleicht auch, obschon in geringerem Maße, ihres trefflichen Verstandes, um Rubys willen viel Schnaps geflossen; jetzt aber, mit drei- oder vierunddreißig Jahren auf dem Buckel, hatte das aufgehört. Wer auch nur die leiseste Neugier hinsichtlich ihres Aussehens verspürt, zum Zeitpunkt, da es uns beliebt, sie ins Spiel zu bringen, sei mit Verlaub auf die Magdalena* von Peruginos Pietà in der Nationalgalerie zu Dublin hingewiesen, freilich mit der Einschränkung, daß unsere Heldin über schwarzes, nicht rübenfarbnes Haar verfügt. Über diese Andeutung hinaus braucht uns ihr Aussehen nicht weiter aufzuhalten, zumal Belacqua kaum davon Notiz nahm.

Von des Lebens harter Schule aufgeklärt, hatte sich ihr ursprünglich überaus schwärmerisches und hochgesinntes Naturell zu fast schon atomistischer Verzweiflung aufgerieben. Ihre Herzensbildung hatte in der Tat auch einen unseligen Verlauf genommen. Als jüngeres und appetitlicheres Frauenzimmer war ihre Forderung an die Liebe gewesen, sie so fest und unverbrüchlich mit ihrem Gefährten zu verbinden und zu vereinen wie die eine Sonne eines Doppelsterns mit der andern; aber allmählich war sie ihr mehr und mehr aus dem Weg gegangen, als sie, zunehmend enttäuscht und angewidert, erleben mußte, daß das Ergebnis jeder neuerlichen Erfahrung, denn sie war sehr gefragt, ganz andersartig ausfiel. Diese erotischen Fehlschläge hatten zur Folge erstens, daß sie derartige Begegnungen gänzlich mied; zum zweiten, daß sie ihren Drang zur Sternverschmelzung in geistigere Bahnen lenkte, wobei Musik und

* Die Gestalt kann wegen einer spiegelnden Vitrine, hinter die sich das Gemälde duckt, nur abschnittweise wahrgenommen werden. Ausdauer und ein unbestechliches Gedächtnis vermögen ihm jedoch nach manchem Zeugnis eine Gesamtaussage zu entlocken, die der Intention des Malers nahekommt.

Muskateller sich am wirksamsten erwiesen; und zuletzt, daß sie sich jaulend wie eine Katze in den Alkoven verzog, um sich den abgegriffenen Freuden hinzugeben, die er ihr bescherte. Diese jedoch, vor denen sie sich kaum zu retten wußte, solange sie die Spröde spielte, erlahmten naturgemäß in ihrem Eifer, sich einer anzubiedern, der der Sinn fürs rechte Maß sehr auf Kosten ihrer Reize zugewachsen war. Die Liebestrauben, die sie in hitzigeren Tagen als nichtswürdig verworfen hatte, wurden sauer, sobald sie ihr Gelüst danach in sich entdeckte. Wie sie sich früher in sich verkrochen hatte, weil sie nicht wollte, so jetzt, weil sie nicht konnte – nur, daß in ihrer Klause die Hoffnung, ihr Trost von einst, erstorben war. Sie sah ihr Leben als eine Stiege aus lauter Treppenwitzen.

Belacqua, der fromm dem Saum ihrer Gewänder huldigte und seine Entzückensausbrüche in sicherer Entfernung seelenruhig abzuwürgen wußte, verkörperte für sie aufs Haar den unsagbar entrückten Buhlen, dem sie als sehnsüchtige Sternschnuppe, überquellend vor dem gewissen Es, ihre zahllosen Kavaliere geopfert hatte. Und ausgerechnet jetzt, da das Meteoritenerz im Lehm erstickt, das Es versiegt, und die Kavaliere abgezogen waren, kam er daher, Handlanger eines spöttischen Geschicks, um sie an ihre Entbehrungen zu mahnen und ihren Schmerz übers Entbehrte aufzuwühlen. Doch ließ sie ihn gewähren in der Hoffnung, er könnte sich früher oder später, in einer Anwandlung von Trunkenheit oder einem Allerweltsgefühlsschwall so weit vergessen, daß er sie in die Arme schloß.

Fügen wir noch hinzu, daß sie seit langem an einem unheilbaren Gebrechen litt, und nicht weniger als fünfzehn Ärzte, darunter zehn Atheisten, ihr unabhängig voneinander und glaubhaft zugesichert hatten, sie dürfe sich auf ein baldiges Ableben gefaßt machen, so ist nach unserer Überzeugung selbst der argwöhnischste Leser genötigt, nicht nur das zutiefst Erbärmliche an Rubys Lage, sondern auch die Wahrscheinlichkeit dessen einzuräumen, was wir ihm in nicht allzu ferner Zukunft zu berichten hoffen. Denn Belacquas Leichtfertigkeit, sein Talent, aus unzulänglichen Beweggründen zu handeln, wird unseres Erachtens durch seine bisherigen Unbilden zu reichhaltig belegt, um noch Verblüffung auszulösen. Hinsichtlich seines offenkundig unverantwortlichen Gebarens ließe er sich vielleicht mit einem Schimmer von Berechtigung den Naturgesetzen zur Seite stellen. Sein Platz war in der Nervenklinik.

Er hielt sich Ruby, an der ihm zu keiner Zeit viel lag, warm und schnitt ihr mit Bedacht die Cour in einer Weise, die sie nach seiner Überlegung am besten für die ihr zugedachte Rolle einschliff, worunter, wie er ihr enthüllte, als sie ihm mürbe dünkte, im wesentlichen ihre Mittäterschaft bei seinem felo de se zu verstehen war, da er zu seinem Leidwesen befürchten mußte, daß ihm im Alleingang die Sache in die Hose ging. Wie sein Entschluß zur Selbstzerstörung zustande kam, bleibt uns völlig unerfindlich.

Erweist ein Handlungsanreiz sich als derart unterschwellig, daß er unausdrückbar wird, spricht man am einfachsten von einer Tat ex nihilo und Punktum. Wozu im vorliegenden Fall um freundliche Erlaubnis gebeten sei.

Eine verständige Frau fragt im Normalfall eher ›was?‹ anstatt ›warum?‹ (sehr tief dies), aber der ärmsten Ruby hatte es an diesem Vorzug stets gemangelt; und also suchte sie, kaum hatte Belacqua ihr sein Vorhaben eröffnet, um seine Gründe nach. Nun hatte der zwar keine, wie wir eben sahen, jedenfalls keine vorzeigbaren; doch durch die Seelenerforschung seiner Helfershelferin hatte er sich in diesem Punkt so gut gewappnet, daß er sie auf der Stelle mit den Lesefrüchten gewissenhafter Studien zu bombardieren wußte: Griechen- und Römergründe, Sturm-und-Drang-Gründe, Gründe metaphysischer, ästhetischer, erotischer, antierotischer und chemischer Natur, dem Empedokles von Agrigent und Johannes vom Kreuz entnommene Gründe, kurz, alle außer den wahren Gründen, die es ja gar nicht gab, jedenfalls nicht als möglichen Gesprächsstoff.

Von dieser Sturzflut von Motiven wie geplättet, mußte Ruby einräumen, daß sie hier, entgegen ihrem anfänglichen Verdacht, keinen Grünschnabel vor sich hatte, der einer flüchtigen Vergrätzung nachgab, sondern einen ausgewachsenen Desperado von festem, ja edlem Vorsatz, und auf dieses Zugeständnis hin geriet sie in eine fast schon freudige Verfassung. Es war ohnehin aus mit ihr, und jetzt bot sich die Gelegenheit, mit einem leidlich gelungenen Bumsdich abzutreten. Die Sache wurde also eingefädelt, die erforderlichen Vorkehrungen getroffen, ein Termin aufs kommende Frühjahr und ein nahgelegener Austragsort vereinbart, nachdem Venedig im Oktober als leider undurchführbar hatte verworfen werden müssen. Nun war er da, der Schicksalstag, und Ruby hockte in der Haltung des Philosophen Square hinter Molly Seagrims Vorhang und biß sich die Nägel, indessen Belacqua in einem stupenden Sportkabriolett, das er für unschätzbare Summen stundenweise angemietet hatte, in Richtung Irishtown aufs Gas stieg.

Obwohl gegen Personenschäden so mangelhaft versichert, daß er noch nicht einmal einen Führerschein besaß, ging er dabei doch derart wild entschlossen vor, daß er auf der rasenden Fahrt durch den Verkehr in seinem Kielwasser einen Schwall von Injurien für sich verbuchen konnte. Das gehobene Fußgänger- und Radlertum drehte sich um und starrte ihm nach. »Diese Stromlinienmonster«, sagten sie kopfschüttelnd, »geradezu gemeingefährlich.« Schupos an verschiedenen Punkten der Innenstadt und der Vororte notierten seine Nummer. Auf der Pearse Street ratschte er einer Droschke das Hinterrad so glatt ab wie Petrus auf dem Ölberg Malchus' Ohr, ohne deshalb anzuhalten. Ein Stück weiter wurden in weiß Gott welcher bescheidenen Seitenstraße Kleinkinder von ihren Himmel-und-Hölle- und sonstigen Spielen wie Spreu vom Wind hinweggefegt. Angesichts des furchtbaren Buckels der Victoria-Brücke und ihrer unerbittlichen Mittelrippe jedoch hielt er, in jähem Entsetzen über den eigenen Wagemut, das Auto an, stieg aus und schob es mithilfe eines Passanten hinüber. Dann gondelte er gemächlich durch den Nachmittag, bis er zuguterletzt ohne weitere Mißhelligkeiten beim Haus seiner Komplizin angekommen war.

Mrs Zach warf weit die Tür auf. Im Nu hatte sie sich über Belacqua hergemacht, dessen große bleiche Fresse sie in Gedanken von wüsten Ausschweifungen gezeichnet sah.

»Ruby«, sang sie wie der Kuckuck in der Terz, »Ru-bie! Rubie!« Doch würde sie ihr altes Lied je ändern, war hier die Frage.

Ruby schlakste die Treppe herunter, mit Bißspuren auf ihrer Unterlippe, die keine Biene mehr zum Stich verlocken konnte.

»Hol deine Sachen«, sagte Belacqua barsch, »wir gehen.«

Mrs Zach fuhr entsetzt zurück. Noch nie hatte jemand ihrer Ruby gegenüber einen solchen Ton angeschlagen. Aber die schien sich nichts daraus zu machen und schlüpfte lammfromm in den Mantel. Mrs Zach erkannte nur allzuklar, daß sie nicht mitgenommen werden sollte.

»Kann ich euch eine kleine Stärkung anbieten«, sagte sie mit eisiger Stimme, »bevor ihr geht?« Aller Müßiggang war ihr ein Greuel.

Ruby hatte ihrer Meinung nach etwas derart Aberwitziges noch nie gehört. Eine Stärkung, bevor sie gingen! Die hatten sie höchstens nach ihrer Rückkehr nötig, falls es dazu kam.

»Also wirklich, Mutter«, sagte sie, »du siehst doch, wir müssen fort.«

Belacqua sprang ihr mit einem angeblichen schweren Lunch im Bailey bei. Ein Hort der Wahrheit war er nicht.

»Fort wohin?« sagte Mrs Zach.

»Fort«, rief Ruby, »ganz einfach fort.«

Wie merkwürdig sie doch aufgelegt ist, dachte sich Mrs Zach. Aber seis drum. Daß sie bis zur Gartentür mitkam, wenigstens das konnten sie ihr nicht verwehren.

»Wie kommen Sie zu einem solchen Auto?« sagte sie.

Wer das Auto hätte sehen können, dem wäre die Frage naheliegend genug erschienen.
Belacqua nannte eine Autofirma.
»Tatsächlich«, sagte Mrs Zach.
Mr Zach schlich zum Fenster und spähte zwischen den Vorhängen hinaus. Er hatte sich für die Familie bis auf die Knochen abgerackert und es nur zu einem Patentrad gebracht. Verbitterung stahl sich über seine blausüchtigen Züge.
Belacqua würgte schließlich doch einen Gang hinein, wenn ihm auch nicht recht klar war welchen, und mit qualmender Kupplung schossen sie in Hollywood-Manier nach vorn. Mrs Zach hätte ebensogut Lot nachwinken können, das Echo wäre nicht dürftiger ausgefallen. Sollte ihnen etwa der knallende Auspuff zum Sprachrohr dienen? Rubys Abschiedsspitze klang ihr noch im Ohr: »Wenn wir da sind, merkst dus schon.«
Auf der Treppe begegnete ihr Mr Zach auf seinem Weg nach unten; sie gingen aneinander vorbei.
»Der junge Mann hat etwas an sich«, rief Mrs Zach hinunter, »was mir nicht behagt.«
»Dackel«, rief Mr Zach.
Der Abstand zwischen ihnen wuchs.
»Ruby benimmt sich äußerst merkwürdig«, rief Mrs Zach hinunter.
»Schlampe«, rief Mr Zach hinauf.
Wiewohl er sich nur ein Patentrad leisten konnte, faßte er sich doch gerne kurz. Ich weiß mir Besseres, dachte er, und griff zur Flasche, auf diesem Odelfaß von Welt als das Glück der Blauen Vögel.
Dackel und Schlampe fuhren immer weiter, Totenstille zwischen ihnen. Nicht eine Silbe hatten sie gewechselt, bis das Auto sicher am Fuß eines Berges abgestellt war. Als Ruby dann aber Belacqua den Rücksitz hochklappen und eine Tasche hervorziehen sah, hielt sie es doch für angezeigt, das allmählich etwas unbehagliche Schweigen zu durchbrechen.
»Was ist denn drin«, sagte sie, »in der Hebammentasche da?«

»Sokrates«, erwiderte Belacqua, »seiner Mutter Sohn, dazu der Schierling.«
»Nein«, drängte sie, »ohne Schmäh, komm sag schon.«
Belacqua ließ für jeden Einzelpunkt einen Finger hochschnellen.
»Der Revolver mit Munition, das Veronal, der Whisky mit den Gläsern und die Mitteilung.«
Ruby konnte sich eines Schauders nicht erwehren.
»Um Himmels willen«, sagte sie, »welche Mitteilung denn?«
»Daß wir entronnen sind«, erwiderte Belacqua und ließ sich zu keinem weiteren Wort bewegen, so dringend sie ihn auch darum bat. Die Anschlagtafel hatte er sich selbst einfallen lassen, und das erfüllte ihn mit Stolz. Wenn es soweit war, mußte Ruby sie gutheißen, ob sie nun wollte oder nicht. Sie war als kleine Überraschung für sie gedacht.
Schweigend stiegen sie den Berg hinauf. Schwaden von Wachteln und, wie immer der Sammelname lauten mag, von Schnepfen spritzten nach allen Seiten aus dem Heidekraut, wohingegen die Zahl der Hasen, die, in ihren Mulden sinnend und nun aufgescheucht, davonschnellten, dem Wildhüter alle Ehre machte. Sie stapften tief durch Rauschbeeren und Riedgras weiter aufwärts. Ruby schwitzte. Ein hoher Zaun aus Maschendraht, der sich wie eine Gürtelrose um den Berg schlang, versperrte ihnen den Weg.
»Wozu sind die ganzen Besen gut?« keuchte Ruby.
Soweit der Blick reichte, waren beiderseits am Draht Farnbündel befestigt. Belacqua zermarterte sich das Hirn nach einer Erklärung. Schließlich mußte er passen.
»Weiß Gott, ich komme nicht dahinter!« rief er aus.
Und in der Tat, die Sache war höchst befremdlich.
Ladies first. Ruby erklomm den Zaun. Belacqua stand ritterlich zurück und hielt die Tasche; mit Freude erhaschte er einen unverstellten Blick auf ihre Beine. Er bekam zum ersten Mal Gelegenheit zur Abschätzung dieser ihrer Leibesteile und hatte durchaus schon Übleres erlebt. Sie schritten aus und hatten

auch bald den Gipfel vor sich, komplett mit Keltenring, obschon noch in beträchtlicher Entfernung.
Ruby stolperte und fiel hin, wenn auch nur aufs Gesicht. Belacquas starker Arm war rasch zur Stelle, um ihr aufzuhelfen.
»Doch nicht weh getan?« erkundigte er sich freundlich.
»Der blöde alte Rock kommt mir dauernd in die Quere«, sagte sie zornig.
»Er fällt dir nur zur Last«, stimmte Belacqua zu, »weg damit.«
Der Vorschlag leuchtete Ruby so sehr ein, daß sie ihn umstandslos befolgte und sich als eine Frau enthüllte, die ein Hemd nicht nötig hat. Belacqua legte sich den Rock gefaltet über den Arm, denn in der Tasche war kein Platz mehr, und Ruby stürmte, der Fesseln ledig, im Schlüpfer gipfelwärts.
Belacqua, der voranging, hielt plötzlich inne, schlug die Hände zusammen, fuhr herum und sagte zu Ruby, er hätte es. Scharf trat ihm ihr Anblick ins Bewußtsein, wie sie vor ihm knietief im Riedgras stand, dankbar für die Schnaufpause und ohne große Lust zur Frage was.
»Die Büschel hängen dort am Draht«, sagte er, »der Schnepfen wegen.«
Sie verstand noch immer nicht.
»Damit sie nicht dagegen fliegen und sich weh tun.«
Jetzt begriff sie. Aber die Ruhe, mit der sie die Begründung hinnahm, stimmte Belacqua doch sorgenvoll. Es stand zu hoffen, daß die Mitteilung von besserem Erfolg gekrönt sein möchte als diese erleuchtete Enthüllung. Das Riedgras reichte Ruby mittlerweile bis an die Strapse, sie schien in die Heide einzusinken wie in Treibsand. Wackelten ihr etwa schon die Knie?
»Ihr Berggeister«, raunte Belacquas Herz, »gebt mir Beständigkeit.«
Seit dem Abstellen des Autos waren sie nun keiner Menschenseele mehr begegnet.

Auf dem Gipfel angelangt, mußten sie zuerst pflichtgemäß die Aussicht bewundern, unter besonderer Berücksichtigung von Dun Laoghaire und seiner makellosen Umrahmung durch die Schultern des Three Rock und Kilmashogue und der langen, wie flehentlich ins blaue Meer hinausgestreckten Landarme des Hafens. Junge Priester sangen in einem Wald am Berghang. Man konnte sie deutlich sehen und den Rauch ihres Lagerfeuers erkennen. Eine Lärchenschonung westlich im Tal wollte Belacqua Tränen in die Augen treiben, aber dann zwang er diese aufsässigen Glieder zum Blick nach oben zu den sanften Hängen von Glendoo, die leopardgefleckt dahinter lagen, mußte dabei an Synge denken und fand so seine Fassung wieder. Wicklow, diese Ansammlung pickeliger Brüste, zog er gar nicht erst in Betracht. Ruby war seiner Meinung. Die Städte der Ebene ließen sie in ihrer derzeitigen Stimmung völlig kalt. Im Keltenring lag Menschenkot.

Wie zwei fantocci am selben Draht warfen sie sich den Westhang der Heide hinab. Von jetzt an hat man sich ihr Verhalten sehr abgezirkelt und farcenhaft aufeinander eingespielt zu denken. Ruby glich mehr denn je einer zotigen Magdalena, Belacqua einem Statisten aus Der Dirne Glanz und Abstieg. Die Öffnung der Tasche zögerte er immer noch hinaus.

»Ich dachte ursprünglich daran, das Grammophon mitzubringen«, sagte er, »und die Pavane von Ravel. Aber dann –«

»Dann hast du umgedacht«, sagte Ruby. Sie hatte eine sehr störende Art, einem ins Wort zu fallen.

»Richtig«, sagte Belacqua, »von der gewohnten Blässe angekränkelt.«

Man beachte die literarische Ader.

»O Jammer«, sagte Ruby, »das hätte mir viel erleichtert.«

Glückliche Infantin! Sich einmal von Velazquez malen lassen, und dann lebt wohl, ihr Bildungsgüter!

»Wenn du dich gefälligst wieder anziehen wolltest, jetzt wo du nicht mehr laufen mußt«, sagte Belacqua heftig, »würdest du *mir* viel erleichtern.«

Wie heikel es doch zwischen ihnen herging. Der kleinste Stein des Anstoßes konnte bei diesem Stand der Dinge den Karren kippen.
Ruby spitzte die Ohren. War das der langersehnte Antrag? In diesem Fall bekam er eine Abfuhr.
»Mir ist es lieber so«, sagte sie.
Belacqua starrte grimmig in die Lärchen und schmollte eine Weile.
»Also«, brummelte er schließlich, »wie wärs mit einem kleinen Schluck vorweg?«
Ruby zeigte sich nicht abgeneigt. Er öffnete die Tasche, so knapp es ging, griff hinein, zog die Flasche hervor, dann die Gläser, und schon war sie wieder zugeschnappt.
»Fünfzehn Jahre alt«, sagte er selbstgefällig, »auf Pump.«
Wofür er alles Schulden hatte! Wenn er diesmal nicht zu Potte kam, dann war er pleite.
»Himmel nochmal«, rief er und ging wie ein erregter Hampelmann seine Taschen durch, »jetzt habe ich den Korkenzieher nicht mitgenommen.«
»Ach was«, sagte Ruby. »Wen kümmert das. Köpfe sie, schieß ihr den Hals ab.«
Aber dann fand sich der Korkenzieher, wie er sich immer findet, und sie leerten die Gläser mit einem langen Zug.
»Atemlose Länge«, japste Belacqua, »so ist's recht: Longfellows Hiawathapoem an Dubliner Theke.«
Sie gossen nach und tranken aus.
»Das macht vier Doppelte«, sagte Ruby, »und acht hat angeblich die Flasche.«
Belacqua hielt die Flasche gegens Licht. Demnach war ihre Behauptung fehlerhaft.
»Aller guten Dinge sind drei«, sagte Belacqua.
Sie gossen nach und tranken aus.
»O Tod im Leben«, röhrte Belacqua, »o ihr dahingeschiedenen Tage.«
Er stürzte sich auf die Tasche und riß die Mitteilung heraus, um

sie ihr vorzuweisen. Auf einem alten Nummernschild gewahrte sie in grobgepinseltem Weiß:

VORÜBERGEHEND BEI TROST

IK-6996 war ausgekratzt und hatte der Inschrift weichen müssen. Ein Palimpsest.
Ruby, vom Schnaps befeuert, schnaubte verächtlich.
»So geht es nicht«, sagte sie, »so geht es ganz und gar nicht.«
Ihr Urteil war ein harter Schlag. Armer Belacqua. Bedrückt hielt er das Schild auf Armeslänge von sich weg.
»Es gefällt dir nicht?« sagte er.
»Schwach«, sagte sie, »sehr schwach.«
»Ich meine nicht die Art der Ausführung«, sagte Belacqua, »ich meine die Idee dahinter.«
Aber was er meinte, war belanglos.
»Hätte ich was zum Buddeln da«, sagte sie, »ich würds vergraben, samt der Idee dahinter.«
Belacqua legte das Ärgernis mit der Schrift nach unten in das Heidekraut. Nun war die Tasche leer bis auf die Schußwaffe, die Kugeln und das Veronal.
Das Licht erstarb, die Zeit begann zu drängen.
»Ist dir ein Schuß lieber«, sagte Belacqua, »oder Gift? Wenn ersteres, hast du Sonderwünsche? Ins Herz? Die Schläfe? Wenn letzteres«, er reichte ihr die Tasche, »bitte bediene dich.«
Ruby gab sie ihm zurück.
»Laden«, ordnete sie an.
»Industriebarone«, sagte Belacqua und legte die Patrone ein, »jagen sich fast alle eine Kugel durch den Kopf. Kreuger hat die Regel bestätigt.«
»Wir sterben nicht im strengen Sinn zusammen, Liebling«, maunzte Ruby, »oder?«
»Leider«, sagte Belacqua, »kann man nicht alles haben. Aber ein paar Minuten«, dabei wurde ausgiebig mit der Pistole

gefuchtelt, »bis ein Ei weichgekocht ist, was ist das schon, gemessen an der Ewigkeit.«
»Trotzdem«, sagte Ruby, »es wäre doch recht hübsch gewesen, gemeinsam abzutreten.«
»Die Frage des Vortritts«, sagte Belacqua wie von einer Tribüne herab, »bleibt stets neu zu lösen, wie auch sogar zwischen Napoleon und dem Papst.«
»›Der Papst, der pupst‹«, deklamierte Ruby, »›und weggeweht ist ihre Sünd –‹«
»Aber vielleicht ist dir die Geschichte nicht geläufig«, sagte Belacqua und überging die Albernheit.
»Nein«, sagte Ruby, »und dabei soll es auch bleiben.«
»Gut«, sagte Belacqua, »dann will ich mich auf die Bemerkung beschränken, daß die Lösung streng räumlicher Natur war.«
»Warum dann nicht die unsere auch?« sagte Ruby.
Dem Ballon geht irgendwie die Luft aus.
»Wir sind wie Zwillingskinder«, sagte Belacqua –
»– im Wald verirrt«, höhnte Ruby.
»– der Sanduhr ausgeliefert. Sie ist zu eng, um uns Arm in Arm hindurchzulassen.«
»Als gäbe es nur die eine auf der Welt«, sagte Ruby. »Pah!«
»Zufällig schmachten wir in derselben«, sagte Belacqua, »das ist der Haken.«
»Nun, es ist Nebensache«, sagte Ruby, »jedenfalls Ladies first.«
»Wie du meinst«, sagte Belacqua. »Ich bin der bessere Schütze.«
Aber Ruby, anstatt den Busen zu entblößen oder den Kopf zur Zerschmetterung hinzuhalten, goß sich zu trinken ein. Belacqua wurde vom Zorn gepackt.
»Verdammt nochmal«, schrie er, »haben wir das nicht alles vor Wochen schon geregelt? Ja oder nein?«
»Eine Regelung kam zustand«, sagte Ruby, »gewiß.«
»Wozu dann noch das ewige Gequatsche?«
Ruby trank aus.

»Und laß gefälligst etwas in der Flasche«, knurrte er, »ich kann es brauchen, wenn du hinüber bist.«

Dieselbe unbeschreibliche Empfindung, gemischt aus Verzweiflung und Erleichterung, die das Lebensgefühl des Facharztes vor dem dickeren Ende entlastet, wenn er dem Chirurgen auf die Schliche kommt, brach sich jetzt in Belacqua Bahn. Es überlief ihn heiß im Inneren. Das Miststück kniff.

Obwohl Ruby nach dem Genuß von Whisky in aller Regel in den Wolken schwebte, verfehlte er seine Wirkung bei der jetzigen Gelegenheit – kaum überraschend, wenn man deren sehr eigene Natur bedenkt. Zu ihrer Verblüffung ging jetzt der Revolver los, zum Glück passierte nichts, die Kugel fiel in eine terra Weißgottwo. Doch glaubte sie eine geschlagene Minute lang, sie wäre totgeschossen. Eine verstörte Stille, in deren leerer Mitte sich ihre Augen trafen, folgte auf den Knall.

»Der Finger Gottes«, flüsterte Belacqua.

Wer will über sein Verhalten in diesem Zwiespalt richten? Muß man ihn als von Grund auf verachtenswert verdammen? Hat er nicht vielleicht nur ritterlich versucht, der jungen Frau eine Beschämung zu ersparen? War Feingefühl der Grund, oder Begehrlichkeit, oder Feigheit, oder Zufall, oder was? Wir nennen nur die Fakten. Wir maßen uns nicht an, sie auf eine Bedeutung festzunageln.

»Digitus Dei«, sagte er, »ausnahmsweise mal.«

Die Bemerkung läßt tief blicken, oder nicht?

Als der erste Überraschungsschock sich gelegt und die Stille sich ausgetobt hatte, wallten in der Brust unserer zwei Suizidäre die Lebenssäfte so heftig auf, daß sie in unausweichlicher Umarmung ineinandersanken. In der äußersten Ehrerbietung, deren wir fähig sind, erwähnen wir dies mit gedämpfter Stimme und stehlen uns auf Zehenspitzen von ihrer Heidehochzeit fort.

Leicht möglich, daß er sich in künftigen Jahren, wenn Ruby zu den Toten und er zu den vergreisten Optimisten zählt, rühmen

wird, er hätte zumindest dieses eine Mal, wenn auch nie vorher oder nachher, seine Absichten erreicht; car, in den Worten eines, der aus berufenem Mund die Materie besang, l'Amour et la Mort – Zäsur – n'est qu'une mesme chose.
Mag ihnen die Nacht, wie dem auch immer sei, melodisch werden.

# Ausgang

Eines schicksalsschweren schönen Frühlingsabends hielt er inne, weniger um auszuruhen, als sich von der Umgebung durchtränken zu lassen, draußen im Parcours des verstorbenen Boss Croker, aus dem alle Pferde längst verschwunden waren. Pretty Polly, die Mähre mit dem großen Herzen, lag hier in der Nähe begraben. Durch diese Wiesen bei schönem Wetter zu streifen, die Flächen von hellem grünem Gras, tat fast so wohl wie eine Überquerung der Rennbahn von Chantilly mit dem Blick aufs Schloß. Auf seinen Stock gelehnt, Leopardstown nördlich zu seinen Füßen, im Süden die Anhöhen von Two Rock und Three Rock, trauerte Belacqua den Pferden aus besseren Zeiten nach. Sie hatten der Landschaft etwas mitgeteilt, was Heerscharen von Schafen und Lämmern nicht ersetzen konnten. Die sprangen jeden Augenblick ans Licht der Welt, die Wiesen waren von scharlachroten Nachgeburten übersät, die Lerchen sangen, die Hecken schlugen aus, die Sonne schien, der Himmel war ein Muttergottesmantel, die Maßliebchen strahlten, alles hatte seine rechte Ordnung. Nur daß der Kuckuck fehlte. Ein Frühlingsabend, der es einem etwas schwer macht, Gott aus den Grübeleien fernzuhalten.
Belacqua stützte sich mit allem überschüssigen Gewicht auf seinen Stock und nahm die Umgebung in sich auf, blicklos und zugleich angespannt; seine Kerry Blue Hündin saß neben ihm auf dem laubfroschgrünen Teppich. Sie kam allmählich in die Jahre, das Jagen war ihr lästig geworden. Eine Katze den Baum hinaufscheuchen, das konnte sie noch, das war ihr keine Last, aber weiter scherte sie sich um nichts mehr. So blieb sie einfach sitzen, denn sie wußte ganz genau, daß es auf Crokers Parcours keine Katzen gab, und kümmerte sich sonst um wenig. Nur das Lämmerblöken ließ sie die Ohren spitzen.
Du lieber Himmel, schoß es Belacqua durch den Kopf, mit mir muß es bergab gehen, wenn mir jetzt diese Jahreszeit schon lieber als der Spätherbst ist.
Dieser lebhafte Gedanke, den er sogleich als unabweislich erkannte, verstörte ihn nicht in einem Ausmaß, das ihn am Wei-

tergehen gehindert hätte. Die allerschlimmste Lebenshöhe hinter sich zu haben, darin lag nichts besonders Schreckliches, im Gegenteil. Er durfte darauf hoffen, daß er bald durch einen Felsengarten tapste, mit Tränen in den Augen. Und zum Beweis, wenn einer nötig war, daß er mehr Erhebung als Verstörung fühlte, erlöste er den Stock von seiner Last und schritt weiter: denn wahre Verlorenheit warf ihn sonst kieloben auf den Strand und machte ihn bewegungsunfähig. Die Hündin trottelte hinterher. Sie hechelte und langweilte sich.
Langsam hob er den Blick, bis er waagrecht auf sein Wanderziel gerichtet war. Der Tomwald schmückte eine niedrige Anhöhe in der Ferne wie ein Zackenkamm. Dorthin war er verabredet, wenn auch nur wie ein Angler mit dem Hecht. Er kannte ihn in- und auswendig, so oft war er darin umhergestreift, und konnte doch die Holzart nicht benennen. Eiche, vermutete er vage, oder Ulme, aber auch eine nähere Betrachtung hätte ihn nicht aufgeklärt. Auf dem Land aufgewachsen, und konnte Eiche und Ulme nicht auseinanderhalten! Die Lärchen kannte er, die war er als dicker kleiner Bub hinaufgeklettert, und eine junge Schonung dieser Bäume, in stechendem Reseda, nahm jetzt auf dem Abhang seinen Blick gefangen. Eindringlich und zugleich besänftigend, hatte sie auf den Vorwärtsschreitenden eine ungeheure Wirkung.
Wenn doch seine Frau nur einwilligte, dachte er, sich einen Cicisbeo zuzulegen, wie angenehm für alle Beteiligten das wäre. Sie wußte doch, wie er sie liebte, und wollte sich doch keinen Cicisbeo von ihm besorgen lassen. Er war zwar erst verlobt, hatte aber in Gedanken seine Braut schon zur Ehefrau gemacht, eine Vorwegnahme, die jungen Männern vor einem derartigen Wechsel des Personenstands zur Nachahmung angelegentlich empfohlen sei. Wieder und wieder hatte er sie bedrängt, ihr Eheleben auf die solide Grundlage des Hahnreitums zu stellen. Sie verstand und schätzte seine Einstellung, sie räumte die Stichhaltigkeit seiner Argumente ein, und doch konnte sie sich zu dem Schritt nicht überwinden. Er sah nicht

schlecht aus, so ungefähr wie ein schwachsinniger Tom Jones. Sie hatte offenbar vor, seiner Liebe noch vor dem Hochzeitsgeläut mit ihrer Unvernunft den Garaus zu machen, das wäre dann das Ende der Affäre.
Diese und verwandte Sorgen wälzte er im Kopf, bis er schließlich am Südrand des Parcours und bei der Nebenstraße angelangt war, die er überqueren mußte, um in die nächste Felderzeile zu gelangen. Weite Strecken offenen Lands, Hecken und Gräben, gebenedeites Gras und Gänseblümchen, dazwischen immer wieder die Straße wie ein Peitschenstriemen, danach der Wald. Die Mauer war zu hoch für die Hündin auf ihre alten Tage, und so half er ihr am grauen Hinterteil mit einem herzhaften Schwung hinüber. Das machte ihm eine Freude, die er sich nicht aufhielt zu zergliedern. Er selbst nahm das Hindernis in einem Satz und dachte sich: Wie herrlich, da kann man sagen, was man will, so voller jugendlicher Kraft zu sein.
Im jenseitigen Straßengraben war ein sonderbares Fuhrwerk abgestellt: ein alter hochrädriger, mit Lumpen behängter Karren. Belacqua sah sich nach einem Gespann um, das verrückte Joch konnte wohl kaum vom Himmel gefallen sein. Aber nichts, was einem Zugtier glich, war zu erblicken, nicht einmal eine Kuh. Unter dem Karren hockte ein restlos abgerissener Penner und war sehr geschäftig mit irgendetwas zu Gange. Die Sonne strahlte auf ihn herab wie auf ein neugeborenes Lamm. Belacqua nahm die Menage mit einem Blick in sich auf, und es überlief ihn, den elenden Bourgeois, eine Wallung von Scham über sein Pfaffenbäuchlein. Die Hündin trabte in höchst distanziertem Gehabe auf den Karren zu und beschnüffelte die Lumpen.
»Hespinnswollwa?« röhrte der Landstreicher.
Nun konnte Belacqua erkennen, was er trieb. Er flickte einen Topf oder eine Pfanne und schlug jetzt in seiner Angst mit dem Werkzeug gegen das Gefäß. Aber die Hündin war schon heimisch geworden. »Die ganzn Hosn naß«, sagte der Landstreicher friedlich, »von mir is jeenfalls nich.«
Das waren also seine Hosen!

Der Privatbereich, den Belacqua stets für unveräußerlich gehalten hatte, dieser letzte Rest vom Vorrecht eines Christenmenschen, war nun geschändet von eines andern Haustier. Und doch hätte der Mann Punktrichter sein können, so frei von Groll klang seine Stimme. Aber Belacqua war die Bescherung im höchsten Grade peinlich.

»Guten Abend«, piepste er in Furcht und Bangen, »schöner Tag heute, nicht wahr.«

Ein Lächeln, das gegen alle Feindseligkeit feite, verklärte das Gesicht unter dem Karren. Ein sehr ansehnlicher Mann mit seinem dichten, wenn auch wirren schwarzen Haar und Schnurrbart.

»Ihr Spiel«, sagte er.

Das machte jede weitere Bemerkung unmöglich. Die Frage einer Entschuldigung oder gar Entschädigung erhob sich gar nicht erst. Der instinktive Edelmut des wunderbaren Wesens, dessen abendliches Seelenleben mit all seinen Freuden und Kümmernissen unterm Karren angeboren war und nicht, wie mit viel Glück in künftigen Tagen Belacquas eigenes, erworben, entwaffnete alle Schlingen und Widerhaken der Höflichkeit. Belacqua grüßte wortlos mit dem Stock und verschwand die Straße hinunter aus dem Leben dieses Pfannenflickers und endlich einmal wahren Menschenkindes.

Aber er war kaum aufgebrochen, hatte die nächste Gemarkung noch nicht erreicht, da hörte er auch schon Schreie und das Tamtaratam von Hufen hinter sich. Das war die liebste Lucy, seine Verlobte, niemand sonst, die auf ihrem prächtigen Halbblut angeritten kam. Sie straffte die Zügel und patschte in einem ausgewachsenen Wirbelsturm von Karakolen an ihm vorbei. Als ihr Pferd zur Ruhe gekommen und ihr eigenes Keuchen etwas abgeflaut war, erklärte sie dem erstaunten und, zugegeben, auch recht verärgerten Belacqua, was sie hergeführt hatte.

»Ich habe bei dir geklingelt, weißt du, und es hieß, du seist ausgegangen.«

Belacqua strich dem Halbblut über die weichen Lefzen. Es schnaubte Schaum, das arme Tier, so scharf war es geritten worden. Sein sehr weißes Auge war auf ihn gerichtet. Die Vertraulichkeiten ließ es über sich ergehen, das gebot ihm seine Knechtschaft, hoffte aber doch, vor seinem Tod noch einmal eine Menschenhand zu beißen.
»Also wußte ich mir nicht zu helfen, und was glaubst du tat ich da?«
Belacqua hatte keine Vorstellung. Unter den Umständen blieb ihm nichts anderes übrig, als sich in sein Los zu schicken.
»Ich stieg aufs Dach und spielte Mata Hari.«
»Nein!« rief Belacqua. Das war hübsch.
»Ja, und da erspähte ich dich endlich, einsam auf dem Parcours.«
Das war bezaubernd. Belacqua trat an ihr Bein heran.
»Liebster!« rief sie aus.
»Sowas«, sagte er, »sowas. Sowas.«
»Ich preschte über die Straße her«, sie war ganz überwältigt vom Gelingen ihres Winkelzugs, »und da bin ich.«
Sie hatte ihn eingekreist und abgeschnitten: fast so gewieft, wie einen phantomhaften Seewindhund zu fangen. Er küßte ihr das gebogene Knie.
»Brava!«
Daß jemand ihn so sehr brauchen sollte! Da konnte man doch nur gerührt sein.
An Gesicht und Gestalt war Lucy hinreißend, eine durchaus vollkommene Erscheinung: schwarz wie Ebenholz, beispielsweise, von unwandelbarer Blässe, und dabei wehte ihr das dichte kurze Haar wie ein Wimpel von der Stirn, die einem Oberlicht glich. Aber sie zu katalogisieren wäre Zeitverschwendung. Eine junge Frau, wahrhaftig ohne Fehl und Tadel. Und dennoch halten wir den Hinweis für unerläßlich, bevor wir sie und ihren hinfälligen Leib in Frieden ziehen lassen, daß ihre unteren Gliedmaßen, von ihrem Ursprung bis zum letzten Knöchelchen, auch einem Pagen von Signorelli noch

zur Zier gereicht hätten. Wir können es auch so ausdrücken: Durch die Reithose brachen sie sich Bahn. Läßt sich mehr für Frauenbeine sagen, die Schenkel eingeschlossen? Oder machen wir uns damit nur lächerlich?

Nachdem sein erstes Entzücken, so von fern erspäht worden zu sein, sich gelegt hatte, fragte sich Belacqua, was zum Teufel sie denn wollte. Angeblich wollte sie weiter nichts von ihm, nur bei ihm sein. Das war natürlich Lüge, sie wollte sehr wohl weiter etwas. Aber seis drum.

»Hör zu, liebste Lucy«, sagte er, um die Menschenrechte für sich durchzuboxen, »ich weiß, es macht dir nichts aus, wenn ich heute abend nicht« – er brauchte eine Weile, um die harte Wahrheit mit einem geeigneten Kosewort zu überdecken – »bei meinem Belladönnchen bleibe.«

Aber sie zog doch ein bitterböses Gesicht. Dieser ihr Salamander, er machte anscheinend allmählich eine Gewohnheit daraus, ihr auszuwitschen; wenn er nicht aufpaßte, konnte er von ihr den Laufpaß kriegen.

»Ich habe Dünnpfiff«, klagte er zur Entschuldigung. »Da sollte ich weiß Gott niemandem zur Last fallen, am wenigsten der liebreizenden Lucy.«

Und wahrhaftig, sie hatte mehr als Liebreiz, von fern erinnerte sie an den Nobelpreis-Yeats, mit ihrem Rabenhaar, dem blassen, entschlossenen Gesicht, dem Samtkordknie und der prallen Büste im schwarzen, etwas feucht gewordenen Jerseykleid.

Jetzt ist das Wort an ihr.

Bildet er sich wirklich ein, fragte sie sich, daß mir an seiner Gesellschaft liegt, eine Habseligkeit, die mir inzwischen so unnütz vorkommt wie ein Federwisch? Soll die Tinte doch die Federspitze verklumpen, soll der Wein doch, um es anders auszudrücken, am Bodensatz scheuern.

Er sprach, wie er es nach ihrer Kenntnis immer tat, wenn sie die Verstellung durchhielt.

»Ich ging fort, um es mir auszuschwitzen.«

»Was dir auszuschwitzen?« rief Lucy. Seine Launen standen ihr bis zum Hals.
»Ach, ich weiß nicht«, sagte er, »was wir beide so gut kennen, des Teufels Schaumbad.«
Er malte mit seinem Höllenfinger Zeichen auf das Fell des Halbbluts und suchte nach den rechten Worten.
»Und da hielt ich es für das beste«, sagte er schließlich, »in den Wald zu gehen, für ein kleines sursum corda.«
Noch eine Lüge, denn er hatte den Waldgang schon den ganzen Tag im Sinn gehabt. Er brachte sie mit einer Art von trübseligem Nachdruck vor.
»Corda ist gut«, sagte Lucy.
Bei diesen Worten, zu denen sie wie gewohnt ihr überlegenes Lächeln aufsetzte, ging ihr die Wahrheit, oder was der doch sehr nahekam, so heftig auf, daß sie fast vom Sattel kippte. Doch faßte sie sich gleich, und Belacqua, der am Zügel und damit wieder einmal das Unheil auf sich zog, bemerkte nichts.
»Ich weiß«, sagte er traurig, »du hältst nichts von diesen eigenständigen Erfahrungen, wie die meisten Frauen. Und wenn du ihnen jetzt mißtraust –«
Er unterbrach sich, denn jetzt war er für alle, auch für das Halbblut, offensichtlich zu weit gegangen.
Und was trieb solange die Hündin? Sie saß im Straßengraben und hörte zu.
Die Sonne ging anscheinend im Süden unter, denn die Gruppe stand nun ganz im Schatten der Hecke links von Lucy, wenn auch zu ihrer Rechten der Parcours, davon völlig unbeeindruckt, noch hell erstrahlte. Obwohl die Lerchen sich schon zur Ruhe begeben hatten und die Krähen sich dazu begaben, fehlte es doch nicht an ländlichem Klamauk, denn die Lämmer schrien umso lauter, je mehr es dunkelte, und die Hunde fingen in der Ferne an zu bellen. Nur daß der Kuckuck sich nach wie vor in Stille übte. Belacqua wich in den Straßengraben zurück und stellte sich unentschlossen neben seine Hündin, das Halb-

blut ließ den Kopf hängen und schloß die Augen, Lucy saß reglos auf seinem Rücken und starrte geradeaus – alle schienen in sich hinein zu lauschen, Frau wie Hund wie Pferd wie Mann. Der Landstreicher konnte sie zwischen zwei benachbarten Speichen stehen sehen, und wenn er den Kopf in die rechte Stellung brachte, war die Gruppe, denn dazu saß er weit genug entfernt, in einem Segment seines Rads gerahmt.

Lucy wollte unbedingt ihre furchtbare Ahnung auf die Probe stellen und hatte ihren Geliebten bald so weit beschämt, daß er einlenkte, denn selbstredend war er Wachs in ihren Händen, wenn es zu handeln galt.* Sie verabredeten sich an dem Tor, durch das man von der Straße in den Wald gelangte, er geradeaus über die Felder, sie, weil dem Halbblut der Hindernislauf über Mauern und Gräben nicht zuzumuten war, auf dem Umweg, der sie hergeführt hatte. Welches mißgünstige Geschick hinderte sie daran, ihre Wege zu vereinen? Die Gruppe trennte sich, und bald sah der Landstreicher, wenn er durch sein Radsegment lugte, nur noch das Grau der Straße und ihren grünen Saum.

Lucy trabte rasch dahin. Wir fügen ein, daß diese Gangart sie für gewöhnlich fröhlich stimmte, doch nicht jetzt: So tief hatte das plötzliche neue Bild von Belacqua sie geschockt, den sie nun, wenn es stimmte, als Genossen und Gefährten auf ihrer Lebensreise verstoßen mußte. Wenn es zutraf, was sie fürchtete, dann war ihr Herz gebrochen, von der Verlobung ganz zu schweigen. Aber konnte das denn sein? Dieser junge Mann aus gutem Hause, so ehrenhaft nach ihrer sicheren Kenntnis in allem, was er tat, so vergeistigt, ein Studierter noch dazu – und ein solches Ungeziefer? Unvorstellbar, wie sie so blind für sein wahres Wesen hatte sein können, daß sie ihre Liebe, unter Krämpfen vor mehr als einem Jahr im Palais de Danse zu Portrush zur Welt gebracht, täglich weitergepäppelt haben sollte, bis sie sich jetzt zur krankhaften Passion ausgewachsen hatte.

* Cf. Fingal

Und doch war sie zur Feststellung gezwungen, wie vollkommen die Schreckensdiagnose, die ihr nun aufgegangen war, mit mancher seiner Verhaltensweisen im Einklang stand, die sie nie hatte ausloten können: sein kindliches Gewäsch zum Beispiel, daß sie eine Musik in seinem Leben sei und zugleich eines andern angetrautes Weib im Fleisch; seine Anwandlungen von ›sursum corda‹ und ›eigenständiger Erfahrung‹, seit dem Urbeginn ihrer Romanze, als er sie zu später Stunde zu verlassen und in den Dünen herumzustreunen pflegte, bis jetzt zum Vorabend des Ehestandes – einer Erfahrung, die ihr von nun an, worauf auch immer sie hinauslief, in einem Kiefernhain erstickt vorkommen mußte.
Ebendahin verzog sich jetzt auch ein hübsches deutsches junges Fräulein und sank mit einem »Ach, wie heimelig!« aufs Nadellager zu ihrem Harald-Heißeisen-Tanzpartner.
Die Straße schraubte sich zwischen Rotdornhecken hinauf. Lucy, die unbedingt als erste da sein wollte, hielt ihr Halbblut in Trab, stieß ihm die Knie in die Seite und fand im Auf und Ab der schwierigen Bewegung unfehlbar den rechten Takt. Doch war sie so tief in sich versunken, daß, soweit sie Kenntnis oder Anteil nahm, zu ihren beiden Seiten ebensogut Liguster hätte sprießen können, sodaß der Blütenzauber, der in den längerwerdenden Schatten höchst stimmungsvoll verblaßte, an der unglücklichen Reiterin ganz unbemerkt vorüberzog.
Sie sah rein gar nichts von dem Wald, der Wurzel allen Ungemachs, der aus kleinem Abstand vor ihr aufragte. Seine Vorposten standen zwar dicht wie eine Palisade, aber doch auch nicht eng genug, um die Heimlichkeiten dahinter wegzublenden. Die hohe Rauchfahne, die aufstieg und dahinschwand wie ein Lied, der Zeichenschwaden vor dem Dunkelgrün der Kiefern, blieb ihr erspart.
Belacqua nahm sie wahr, die Bäume, die Rauchfahne, den Rotdorn, auch die toten Lämmer auf den Heckenwipfeln, all diese Sinnbilder des Frühlings. Das war typisch. Und Lucy, die sich durch das plötzliche Tohuwabohu in ihrer Seele rangelte, sah

nichts. Die arme kleine Lucy! Je mehr sie darum kämpfte, den Zwangsgedanken loszuwerden, der sie seit ihrem achtlosen »Corda ist gut« verfolgte, desto vollständiger wollte er alle anderen verdrängen. Ihr guter, bis in jeden Schattenwinkel und Wildwuchs seines Verhaltens von ihr geliebter Belacqua war zum Spanner der gemeinsten Sorte abgesunken: und eine Frau ihres Kalibers sah über dergleichen nicht einfach nur hinweg, weil es ihrem Gefühlsleben einen schweren Stoß versetzte. Die zwei Belacquas, der alte, liebe Rätselmensch, nun übler Hundsfott, spielten ein grausames Pingpong in ihrer Seele. Noch vor dem Schlafengehen wollte sie sich für den einen oder anderen entscheiden, wenngleich sie noch nicht wußte wie, noch ohne jeden Plan dastand, doch auf irgendeine Art schaffte sie das schon. Welchen Abscheu die Wahrheit auch in ihr wekken sollte, lieber die Klarheit jetzt als späte Reue.

Die Dämmerung war nun ohne Wenn und Aber da.

Eine luxuriöse lautlose Limousine, im Zweifelsfall ein Daimler, mit einem besoffenen Lord am Steuer, rauschte unversehens um eine Kurve auf der engen Straße und fuhr dem Halbblut krachend an den Steiß. Lucy kugelte in einem schwindelerregenden Salto über seine Kruppe und knallte mit Hinterteil und Hinterkopf doppelt auf den Boden auf, das Halbblut begrub sie unter sich, die Autoräder holperten über die kläglichen Überreste des Pferds hinweg, das sans jeter un cri an Ort und Stelle in der Dämmerung verblich. Lucy war vom Glück weniger gesegnet und blieb, in ihrer Schönheit grauenhaft verunstaltet, lebenslang ein Krüppel.

Nun hat das Wort Belacqua.

Er kam wie vorgesehen zum Stelldichein, überzeugt, Lucy bereits vorzufinden, denn er hatte unterwegs getrödelt, um die Abendstimmung staunend in sich aufzunehmen. Er kletterte über das Tor, setzte sich ins Gras und wartete, aber sie tauchte, wie sich versteht, nicht auf.

»Mist«, sagte er zu der Hündin, »will sie mich die ganze Nacht hier sitzen lassen?«

Er gab ihr noch fünf Minuten Frist, dann stand er auf und stieg den Hügel bis zum Waldrand hoch. Dort wandte er sich um und suchte schwachen Auges die dämmerige Landschaft ab. Ebenso wie kürzlich sie von Dacheshöhe ihn emsig ausgespäht und auch gefunden hatte, hielt er nun hoch vom Hügel nach ihr Ausschau, mit dem Unterschied jedoch eines so geringen Eifers, daß es ihn eher erleichterte, keine Spur von ihr zu entdekken. Allmählich sah er sich dann auch tatsächlich nicht weiter nach ihr, sondern lieber in der Gegend um.

Im selben Augenblick durchzuckte ihn, krecks-krecks, krecks-krecks, krecks-krecks, das Scheppern der ersten Kornkrähe des Jahres. Durchzuckte deshalb, weil er den Kuckuck noch immer nicht vernommen hatte. Er konnte sich nicht helfen, da stimmte etwas nicht, wenn einer täglich nach dem Kuckuck horchte, und dann stattdessen auf einmal die Kornkrähe kekkerte. Die samtne Terz des vorgenannten Vogels mit ihrem Glücksversprechen wurde ihm hier versagt und dafür von einem nieerblickten Federvieh das Sterberöcheln angetragen. Nur gut, daß Belacqua nichts von bösen Omen hielt. Er band die Hündin mit der Leine an einen Baum, knipste sein Parietalauge an und betrat den Wald.

Über den ganzen Aufhaltungen, die ihm Lucy eingebrockt hatte, war er viel später dran als sonst, im Wald herrschte schon Dunkel. In all den üblichen Verstecken zog er nichts wie Nieten, wollte das Ganze schon als verpatzte Unternehmung aufstecken und nach Hause wandeln, als er plötzlich in einer Mulde ein Gefluder und einen weißen Schimmer erspechtete: Frollein mit Freund, kein Zweifel. Belacqua trat vorsichtig von hinten näher und sah ein wenig zu. Aber diesmal, was war nur mit ihm los, fand er an der Darbietung nur geringen Gusto, so wenig sogar, daß er zu seiner Überraschung gar nicht weiterlugte, sondern leer in den dunklen, stillen Wald starrte, der auf ihm lastete. Er war von einer bedrückenden Unterwasserwelt umfangen.

Endlich raffte er sich auf und entfernte sich auf Zehenspitzen übers Moos, das ihn gewißlich nicht verriet. Er wollte nach Hause, sich zu Lucy setzen, das Grammophon anstellen und zusehen, wie ihm das bekam. Aber er stolperte über einen vermoderten Ast, der ein wenig aus dem Boden ragte, trat ihn mit lautem Knacks entzwei und fiel auf die Nase. Dann, fast bevor er merkte, was eigentlich geschah, rannte er vor dem wutentbrannten Tanzpartner, der ihm in wilder Jagd nachstampfte, zwischen den Bäumen hin und her.

Jedweder Vorteil, den die Vertrautheit mit dem Gelände für Belacqua hätte mit sich bringen können, wurde durch den Zustand seiner Füße reichlich aufgewogen, der aus manchen Gründen so heikel war, daß schon das Gehen schmerzte, der Laufschritt aber die reine Marter war. Wie er sich der Stelle näherte, wo er die Hündin angebunden und den Wald betreten hatte, sah er sich so rasch eingeholt, daß ihm nur übrigblieb, sich umzuwenden und dem Kampf zu stellen. Er faßte den Stock höher, verlangsamte, kaum war er aus den Bäumen, den Schritt, drehte sich um und stach mit der scharfen Eisenspitze nach dem Hypogastrum seines Gegners. Der Ausfall, wie richtig auch sonst berechnet, war in der Ausführung verfrüht. Der Tanzherr sah ihn kommen, schnellte knapp aus der Zielgeraden, fuhr herum, senkte den Kopf, rammte ihn in sein Opfer und streckte Belacqua nieder.

Es folgte ein wildes Ringen. Belacqua kämpfte auf die Art der Frauen, trat um sich, krallte, zerrte, biß und wehrte sich in allem recht heroisch. Aber mit seinen Körperkräften stand es so schlecht wie mit seiner Fortbewegung, und so mußte er bald um Gnade betteln. Woraufhin ihn der Sieger roh am Genick nach unten drückte und mit dem Stock dröhnend das Fell bearbeitete. Die Hündin, um ihr gerecht zu bleiben, zerrte an der Leine.

Das Frollein erschien geisterhaft in ihrem weißen Flatterröckchen aus dem Waldesdämmer und sah ihnen, das Hemd überm Busen raffend, gebannt zu, denn Tapferkeit dem Manne gegenüber verheißt Liebeskräfte bei der Frau.

Belacquas Schreie wurden leiser, bis zuletzt der Wüterich besänftigt von ihm abließ, ihm einen Abschiedstritt versetzte und großspurig mit seinem Fratz am starken Arm davonschritt.
Wie lange er dort halb ohnmächtig lag, hat er nie erfahren. Zu tiefer Nacht schleppte er sich unter Schmerzen zur Hündin zurück und band sie los. Auch hat er nie begriffen, wie er nach Haus gelangte; weniger kriechend als kletternd überwand er verschiedentliche Hecken und Gräben und überließ es der Hündin, ihren Weg allein zu finden. Soviel zum Thema seiner jugendlichen Kraft.
Ah, tempus edax: denn nun führt er mit Lucy eine glückliche Ehe, und die Frage des Cicisbeo ist beigelegt. Sie durchwachen die halben Nächte und spielen Grammophon, *An die Musik* gehört zu ihrer beider Lieblingsstücken, er findet in ihren großen Augen eine bessere Welt als diese, und nie erwähnen sie die alten Tage, als Lucy sich noch mit Hoffnungen auf einen Platz an der Sonne trug.

# So ein Pech

Belacqua war in der Ehe mit der bresthaften Lucy so glücklich gewesen, daß in ihm ein Hang zum Selbstmitleid erwachte, als sie starb, was am Vorabend des Tags geschah, da sich ihr schrecklicher Autounfall zum zweiten Male jährte.* Ihrem Ableben waren zwei Jahre schweren Leidens vorausgegangen, das sie so tapfer ertrug, wie es anscheinend den Frauen vorbehalten ist, nachdem sie aus dem grausamsten Widerstreit von Hoffnung und Verzweiflung, der je ein menschliches Herz zerriß, schließlich barmherzig in eine Ergebung sich gefunden hatte, die ihren Freunden zur Bewunderung und Belacqua zu nicht wenig Trost gereichte.

Ihr Tod kam so als überfällige Erlösung, und der Witwer trug, zum unaussprechlichen Abscheu im Bekanntenkreis der Verstorbenen, auch keines der nun angebrachten Anzeichen von Kummer zur Schau. Um seiner selbst willen brachte er Tränen nicht zustande, da er diesen Quell der Tröstung in jungen Jahren durch übermäßige Inanspruchnahme erschöpft hatte; aber auch um ihretwillen verspürte er nicht die mindeste Notwendigkeit oder Neigung dazu, da er seinen ohnehin geringen Mitleidsvorrat ausschließlich den Lebenden vorbehielt, womit nicht dieser oder jener Pechvogel gemeint ist, sondern die ganze namenlose Menge der derzeit noch Atmenden, also, wie wir es mutwillig fast nennen möchten, das Leben in abstracto. Dieses unpersönliche Mitleid wurde vielerorts als unerträgliche Anmaßung mißbilligt, und bisweilen sogar als ausgesprochene Versündigung an Gott und der Gesellschaft. Aber Belacqua konnte sich nicht helfen, er war nur für diese Mitleidsart empfänglich: absolut und unveränderlich, stetig, von Äußerlichkeiten unbeeinflußt, unterschiedslos allen Nichttoten zugedacht und aller Werke bar. Die Öffentlichkeit sah darin bloße Abgebrühtheit gegenüber der einen oder anderen Einzelmisere, und verwarf sie; privaten Zwecken aber kam sie offensichtlich sehr entgegen.

* Cf. Ausgang

Allen männlichen und weiblichen Scheusalen und Ekeln, die ihm je über den Weg gelaufen waren, hatte das köstliche Schleimsekret des Mitgefühls den Mund gestopft, und sie entledigten sich seiner, als sein Aroma ausgekostet war, alsbald durch den Absonderungskanal des Todesfalls viva sputa oder per Postzustellung. Er kam sich vor, als würde er von Kopf bis Fuß mit menschlichem Skunköl eingesprüht und könnte sich nie mehr sauber fühlen oder gut, d.h. nach sich selber riechen – ein Duftgemisch, das er stets besonders wohlgefällig in sich einsog. Doch als die Zeit verrann und Lucys Grab in ihr versank, ergrünte, und fast schon Maßliebchen treiben wollte, setzte der Geruch sich wieder durch; der Speichelfluß der Scheusale wurde zurückgeschleust auf ihre eigenen Schwären und liebe Hingeschiedene neueren Datums. Zurückversetzt in das Miasma, das ihm so teuer war und dessen stechend riechender Kokon ihn umhüllte wie der Schaum die Zirpe, streifte Belacqua durch den Garten und vergnügte sich mit Löwenmäulchen. Vor ihnen hingekniet, im Staub und Lehm der Erdenkrume, drückte er ihnen sanft die Gurgel zu, bis ihnen die Zunge aus dem Halse hing – zu jener nachtblauen Stunde, wenn nur Gebell (um wenigstens ein Pastoralmotiv anzuschlagen), und auch das kaum, zu vernehmen war, so weit entfernt und mitten im Gebirg hervorgestoßen, daß es genau im rechten Strengeton herüberklang: Dieser Zeitvertreib, so schien ihm, entsprach am besten seiner Schwermut zu dieser Jahreszeit und dem ihm eingepflanzten Hang zum Märchen, der offenbar immer zugleich mit seiner werten Ipsissimosität, wenn es dies schöne Wort denn geben sollte, ins Wackeln kam. Er sah sich gern als müßiggängerischer Samson am Hofe von Mildendo.

Wie dann allmählich die Löwenmäulchen auch ohne fremdes Zutun starben und Belacqua jene Gucklöcher in bessere Welten, die Lucys große, schwarze Augen ihm gewesen waren, mehr und mehr vermißte, erwachte er eines schönen Nachmittags und sah sich wie wahnsinnig in ein Mädchen aus gediegenen Verhältnissen verliebt – eine göttliche Ekstase, wohlgemerkt, keine der sonst so beliebten schlüpfrigen Schwärmereien. Dieser Dame unterbreitete er, sobald er sich dazu verstehen konnte, das Anerbieten seiner Hand wie seines Vermögens, das zwar durchaus unbeträchtlich war, aber auch von gewisser Distinktion, da unverdient. Sie sagte zuerst nein, dann nein niemals, dann nein wirklich, dann wirklich, und dann, im Glockenton, aber ja doch Geliebter.

Wenn von gediegenen Verhältnissen die Rede war, so sollte das bedeuten, daß ihr Wechselpacken auf die Zukunft, zog man den Zustand ihres Vaters im allgemeinen, und im besonderen den seiner Atmung nach Gesangsdarbietungen in Betracht, gleichsam bald fällig war. Zu leugnen, daß Belacqua diesem Umstand Rechnung trug, hieße ihn als noch schwachsinniger hinstellen, als er sich gegenüber dem Offensichtlichen ohnehin schon verhielt; jedoch gar anzudeuten, dies hätte auf seine unvermittelte Versessenheit auf die Begünstigte mit eingewirkt, liefe auf eine Art von Anwurf hinaus, dessen uns zu bedienen unser Geschmack sich sträubt. Wir wollen daher ein Mindestmaß an Großmut walten lassen, die Augen senken und den Kopf zur Seite wenden, bis der Nachhall des Ausdrucks ganz verklungen ist, und dann beiläufig bemerken, daß diese bestimmte seiner olympischen Ekstasen einer vielversprechenden jungen Dame galt. Eleganter können wir die Hürde nicht bemeistern.

Ihr Name war, nun, Selma Kkloo, die jüngere Tochter von Mr und Mrs Otto Olaf Kkloo. Schön, im Sinn von Lucy, war sie nicht; noch konnte es von ihr heißen, sie lasse die Schönheit hinter sich, wie das der Alba offenbar gelang, oder hätte ihr Leben wie Person vor die Füße geknallt, wie womöglich Ruby. Sie brachte weder die Greise in Trab noch die Jünglinge zum Stillstand. Schlicht gesagt, war sie, und zwar seit jeher, so ausgesprochen unschön, daß sie sich, einmal erblickt, nur noch schwer vergessen ließ, was eine Venus Callipyge beispielsweise nicht für sich in Anspruch nehmen kann. Ihr Problem lag darin, überhaupt erstmal erblickt zu werden. Dafür verfügte sie, wie Belacqua nie müde wurde sich einzubleuen, über eine höchst reizende Persönlichkeit im Verein mit einer starken Zugkraft, die Belacqua ebenso beharrlich leugnete, in streng sexueller Hinsicht.

Otto Olaf hatte sein Vermögen mit Toilettenartikeln und -bedarf verdient. Seit er sich von der Mitarbeit an den Geschäften der glanzvollen Firma, seines Lebenswerks, Geisteskinds, Sorgenzöglings und so weiter, zurückgezogen hatte, waren Kunstmöbel sein Steckenpferd. Ihm wurde die schönste und umfassendste Kunstmöbelsammlung in der ganzen North Great George's Street nachgesagt, von welcher miesen Gegend er, gegen alle flehentlichen Bitten seiner Frau und Erstgeborenen um ein hübsches trautes Eigenheim in Foxrock, zu trennen barsch sich weigerte. Die liebsten Andenken an seine Bubenzeit, denen er als Spenglerlehrling nicht hatte widerstehen können, die ausführlichsten Schweißergüsse und Triumphe seiner besten Mannesjahre, im Geschäftlichen wie auch (mit säuerlichem Blick auf Mrs Kkloo) in der Liebe Amt und Umtrieb, vom Frühlingspunkt, den Ausdruck hatte er selbst zurechtgeklempnert, bis zur Sommersonnenwende seines Lebens, jedes Auf und Nieder einer mühseligen Laufbahn, die, auf die bescheidensten Haushaltsvorrichtungen gegründet, nun zu den Ruhmeshöhen von Hepplewhites und geschweiften Truhen sich erhoben hatte – für sie alle war die liebe gute, gute alte North Great George's Street zum Hort geworden, weswegen er sich auch erlaubte, seine Frau und Erstgeborene auf jenen seiner Leibesteile zu verweisen, dem einen Tritt zu versetzen er sich von jedermann ebenso streng verbat wie die Aufforderung Dritter, ihnen daran zu lecken.

Mr Kkloo verachtete Belacqua und Selmas Einwilligung, sich von ihm heimführen zu lassen, aus dem einen tieferen Grund, daß der ein Dichter war. Und Dichter sind nun einmal heiratslustige Gesellen, oder nicht, ihre Mitgift ist die Liebe zu der

Liebe, wie die von La Rochefoucaulds Kebse von ihrer zweiten Entflammung an. So heiratslustig, daß die Frauen, Gott steh ihnen bei, nicht mehr widerstehen können, Gott hab sie selig. Außer, versteht sich, die seelenlosen Wesen, die nur zur Kinderaufzucht ausersehen sind: Die halten sich lieber, weil ihnen dann nichts in die Quere kommt, an die ausgeglicheneren und pünktlicheren Verzückungen eines Bankkaufmanns oder Verlagslektoren. Selma aber, wie viele Wünsche sie auch offenließ, war keine Glucke. Sie hatte wenigstens das Anagramm von einer hübschen Nase, und sich die Seele, stumm oder sprühend je nach Wunsch, geradezu zur Spezialität gemacht. Womit sich auch erklärt, warum Belacqua ihrem Nein und seinen Abwandlungen nur standzuhalten brauchte, bis sie dann doch, wie die Schwalbe unter ihre Traufe oder eine an langem Faden abgespulte Spindel im Strudel einer Hosentasche, in seine knochenkalten Arme eilte.

Mr Kkloo andererseits teilte die Meinung von Coleridge, daß ein Dichter sich immer einen prosaischen Beruf erwählen sollte. Ja, er wollte über Coleridge anscheinend noch einen Schritt hinausgehen, denn er erklärte, zur Verlegenheit von Mrs Kkloo und Selma, zur Genugtuung seiner Erstgeborenen Una, für die die Hölle schon ein äffisches Ebenbild bereithielt, und zu Belacquas Verstörung, wenn er mit ansehen müßte, wie ein sogenannter Poet sein Getriele mit seinen Geschäften verwechselte, fasse ihn eine derart durchdringende Schalaise, daß er den Raum sofort verlassen müsse. Der in diesem Fall anwesende Dichter bemerkte, daß Mr Kkloo sitzen geblieben war, faßte sich ein Herz und rief:

»Schalaise, verehrter Mr Kkloo, sagten Sie?«

Mr Kkloo warf den Kopf zurück, bis seine Wamme zu platzen drohte, und sang mit einer dünnen einschmeichelnden Tenorstimme, die jeden damit Unvertrauten unweigerlich zusammenfahren ließ:

Er trug einen Schal
Um zu lindern die Qual
Wenn ihn sein Tütterchen schmerzte
Einen chemischen Latz
Als Brustvorsatz
Wenn vom Donnerbalken er pferzte.

Belacqua sagte vorwurfsvoll zu Mrs Kkloo, denn Lob zeigt, indirekt geäußert, nur umso tiefere Wirkung:
»Ich wußte gar nicht, daß Mr Kkloo so gut bei Stimme ist.«
Diese Gabe setzte Mr Kkloo, als seine Wamme wie ein Sack voller Frettchen nach einem kurzen Aufbäumen wieder in sich zusammengesunken war, zu neuem Ärgernis in Gang:

Er schluckte Chinin...

»Otto«, rief Mrs Kkloo. »Genug.«
»Glockenhell«, sagte Belacqua, »und niemand hat mir je davon erzählt.«
»Ja«, sagte Mr Kkloo, »wirklich eine Eins-A-Stimme.« Er schloß die Augen und war zurückversetzt in die Badezimmer seiner Bubenzeit. »Ein wenig dünn«, räumte er ein.
»Dünn! Sie wären mir der Rechte!« rief Belacqua. »Ein wahrhaft dreidimensionales Organ, auf Ehre und Gewissen.«
Mrs Kkloo hatte einen Liebhaber im Amt für Flurbereinigung, und zwar so unverbrüchlich, daß gewisse übelwollende Damen aus ihrem Bekanntenkreis sich keine Gelegenheit entgehen ließen, auf der bemerkenswerten Diskrepanz, des Temperaments wie der Gestalt, zwischen Mr Kkloo und Selma herumzuharken: er so lebenslustig, blond, solide in jeder Weise – welche Eigenschaften nebenbei mit vollem Recht auch seiner Una zugesprochen werden konnten –, und sie ein solcher schwarzer Irrwisch. Eine höchst auffallende Irregularität, um es milde auszudrücken, die man als Freundin der Familie wohl kaum einfach übergehen konnte.

Der mutmaßliche Hörner, wenn auch nicht ganz der kregle kleine Bürobeau, der einen glauben läßt, er sei im Burberrys schon auf die Welt gekommen, wies doch dessen vertrautere Minutae auf: Grübchen im Kinn, glänzend braune Hundeaugen mit dem bewährten Treueblick, ungefurchte weiße Stirn, deren Riesenfläche sich aufs Doppelte der unteren Gesichtshälfte bemaß, und darauf für ewig festgeleimt die fettgetränkte Schmachtlocke, die dem Auge ihr Klettenöl einzuträufeln schien. Mit hohen Absätzen kam er auf einen Meter sechzig; die Nase lang und gerade, die Schuhe anderthalb Nummern zu groß, um ihr gerecht zu werden. Unter den Nüstern klebte ein Schnurrbart wie ein verängstigtes, vor seinen Bau geducktes Tierchen, bereit, beim Anzeichen der leisesten Gefahr in dessen Windungen zu wieseln. Er setzte seine Worte mit so sanfter Bestimmtheit, wie ein Konditor Kremkleckse auf die Torte spritzt. Er verfügte über eine schmutzige Phantasie, ein sicheres Auftreten und eine geschickte Hand bei Frauen, und genügend Witze, um jeden anderen, neu oder betagt, auszustechen. In größerem Kreis trank er höchstens aus Geselligkeit ein Gläschen, aber machte das zuhause wieder wett. Er hieß Walter Draffin.

Otto Olaf trug seine Hörner leicht. Er wußte alles Wissenswerte über Walter Draffin und behandelte ihn besonders rücksichtsvoll. Jeder, der ihm das Leben leichter machte, wie Walter seit so vielen Jahren, konnte fest auf seine Wertschätzung bauen. So bekam der Bürohengst und Verräter in der North Great George's Street freie Hand, und wie ihm vormals dieses Vorrecht im Ehebett seines Gastgebers zustand, so jetzt bei seiner Schnapskaraffe. Ja, er verfiel über diesen gelungenen Aufstieg auf der Leiter des Sankt Augustin in einen solchen Höhenrausch der Genugtuung, daß ihm, dessen sündiges Treiben mit Mrs Kkloo längst im Abgrund der Erinnerung versunken war, das Vermögen, beim Eingießen halt zu sagen, vollständig abhanden kam.

Birdie Kkloo taugte zu rein gar nichts, weder zur Gattin, wessen sich Otto Olaf, bevor er sie zu seiner machte, sorgfältig versichert hatte, noch zur Geliebten, was Walters Hang zur Mäßigkeit in allen Dingen entgegenkam. Es sei denn, man wollte ihr aus dem Rechtstitel der Bannkraft, mit der sie ihr Personal offenbar in Fesseln schlug, eine geringe positive Wertung zuerkennen, dessen Ausharren bei einer Dienstherrin, unparteiisch bis zum Grad des Schwachsinns, ihre besser bemittelten und schlechter bedienten Standesgenossinnen zu Ausrufen der Bewunderung bewog, in der wohl auch ein Körnchen Bosheit lag, im Zweifelsfall.
Die ältere Tochter war eine graue Maus. Man denke sich die heilige Juliana von Norwich, füge ihrem Äußeren einen Schuß Säuerlichkeit, ihrem Gewebe einen halben Zentner Schwarte bei, besprenkele das Ganze vergeblich mit Stinkasant und Panaxgummi, und schon strahlt einen eine dem Dampfbad und der Gesichtsmassage frisch entsprungene Una an. Dessenungeachtet erfreute sie sich einer Gabe, die Belacqua vor Hochachtung verstummen ließ, nämlich, nach Vorgabe des Eingangstakts, jede x-beliebige Mozartsonate in xylophonischer Pünktlichkeit und einem gleichhändig verteilten Mezzoforte weiterzuspielen, das jede Unterscheidung zwischen Haupt- und Nebentönen mit Verachtung strafte. Belacqua war an einem besseren Verhältnis zu Una sehr gelegen, die ihn und alles, was mit ihm zusammenhing, zutiefst verabscheute; daher verfolgte er, sich vor Bewunderung verschluckend, den Hochseilakt anhand der Augenerschen Werkausgabe, merkte aber bald, daß er sich diese Mühe sparen konnte.
Ein Vögelchen pfiff halt in Walters Ohr, der mit der dadurch freigewordenen Rechten eine Karte aus der Tasche zog und auf azurnem Grund in Silberlettern las:

Mr und Mrs Otto Olaf Kkloo
bitten um die Ehre der Anwesenheit
von
Mr Walter Draffin
anläßlich der Hochzeit ihrer Tochter
SELMA
mit
MR BELACQUA SHUAH
in der Kirche St. Tamar
Glasnevin
am Samstag, den 1. August
um 2 Uhr 30 nachmittags
nachfolgend
in der North Great George's Street 55

North Great George's Street 55 R. S. V. P.

Wie sehr sich das nach einer Grabinschrift anhörte, der schreckliche Seufzer, mit dem jede Zeile da verhauchte! Und dabei, dachte Walter, und verbiß sich alsbald den Gedanken, wäre von einer Einladung aus solchem Anlaß ein kleines Enjambement doch nicht zuviel verlangt gewesen. Ah! Er bog den Kopf zum besseren Überblick zurück. Das typische Birdie-Kkloo-Machwerk. Woran erinnerte es ihn bloß? Ein von der irischen Kirchgemeinde ausgestelltes Zeugnis für die Sonntagsschule, Betragen gut, Anwesenheit regelmäßig? Nein. Das seine lag daheim in der Familienbibel eingeklemmt, als Lesezeichen zwischen dem Ende der Jeremiaden und dem Anfang von Hesekiel. Vielleicht eine in den Schulfarben gehaltene Speisekarte zum Klassenjubiläum? Nein. Walters Brust hob sich zu einem tiefen Seufzer. Er wußte, die Karte gemahnte ihn an etwas, aber, abgesehen von Birdie und ihren stilistischen Entgleisungskünsten, an was, bekam er nicht heraus. Es fiel ihm sicher wieder ein, wenn er zuletzt darauf gefaßt war. Seine kleine Enjambement-Pointe aber, die war scharf. Er ließ sie nochmal auf der Zunge zergehen. Eine Spur recherché, das störte ihn daran, nur den wenigsten war Enjambement ja ein Begriff. Ein Biedermann bekam davon ganz sicher keinen Lachanfall. Nun, dann mußte er den Scherz eben in seinem Buch verwenden.

Mit getrennter Post erreichte ihn eine Nachricht von Mrs Kkloo: »Lieber Walter, Olaf wie ich sähen es schrecklich gern, wenn Sie, als langjähriger Familienfreund, auf das glückliche Paar den Toast ausbringen könnten. Wir hoffen zuversichtlich, lieber Walter, daß Sie uns nicht im Stich lassen.« Worauf er eilig antwortete: »Liebe Birdie, Selbstverständlich, ich bin hochgeehrt und stehe wie immer gern zu Diensten.«

Der liebe Otto Olaf! Vernarrt in seine Tische und Stühle, ließ er sich doch willig auf der Nase tanzen: Bei Walter stand die Absicht dazu fest, bei Belacqua war sie zu vermuten. Mochte Draffin, der sich als nützlich erwiesen hatte, seinen Whisky leeren, und Selma, diese Nebenfrucht der Liebe, sich übereignen, wem sie wollte. Mochte eine Zirkushochzeit sein Haus erstürmen und seine Möbel zugrunde richten. Es kamen gewiß auch wieder geruhsamere Tage. Der liebe Otto Olaf!

Belacqua ging daran, einen hinreichenden Kredit zur Deckung seiner Kosten auszuhandeln, die ihn als Mann von bescheidenen Verhältnissen schwer trafen. Dazu zählte der Ring (Lucys vormaliger, ausgelöst), die endlosen, das Ritual umrankenden Gebühren, die Ausgaben für den Vikar, den Küster, den Organisten, die amtierenden Kleriker und die Meßdiener, das große Brautbukett, die Sträußchen für die Brautjungfern, neues Bettzeug und andre unabdingbare Haushaltsutensilien, ganz zu schweigen vom Preis für kurze Flitterwochen – welchem Fiasko, einer Rundfahrt durch Connemara im Leihwagen, er keinesfalls eine längere Gnadenfrist als sieben oder zehn Tage zugestehen wollte.

Sein Brautführer half ihm über einer Flasche bei den Berechnungen.

»Ich beabsichtige nicht –«, sagte Belacqua, als sie den Durchschnitt ihrer unterschiedlichen Schätzungen um zehn Pfund für allgemeine Betriebsunkosten aufgestockt hatten.

»Triebsunkosten ist gut!« keckerte der Brautführer.
Belacqua kroch auf furchterregende Weise in sich zurück.
»Wenn ich dich recht verstehe«, sagte er, »vergißt du dich.«
»Tschuldige«, sagte der Brautführer, »tschuldige, tschuldige. Nicht bös gemeint.«
Belacqua trat erst wieder auf den Plan, als ihm die Zeit dazu gekommen schien.
»Ich beabsichtige nicht«, fuhr er dann fort, »dich aus dem heiklen Anlaß mit einem Geschenk zu behelligen.«
Der Brautführer sträubte und wand sich bei der bloßen Andeutung.
»Solltest du indessen«, beeilte sich Belacqua den Zartsinn seiner Regung abzumildern, »Wert legen auf die Originalhandschrift meines Hypothalamions, durchgesehen, mit Autogramm, Datum, Widmung und in zeitpatiniertes, gespaltenes Halbleder gebunden, so überlasse ich es dir nur allzugern.«
Capper Quin, so müssen wir ihn nennen, unter seinen Bewunderern als Affenpelz bekannt, denn er war völlig unbehaart, unter den Damen andererseits als Däumling, denn er war riesenhaft, hatte nicht nur sein Junggesellentum vorzuweisen, um Belacqua ohne Verstoß gegen die Etikette beizustehen, sondern auch einen Ruf als neuer junger Dichter, was den Eifer erklärt, mit dem er einem Ausschnittdienst als Mitglied beigetreten war. So verschluckte er sich jetzt vor Genugtuung.
»Nein«, stammelte er, »wirklich, ich ... wirklich, du ...«, und brach zusammen. Für die Erstellung eines Satzes mit Subjekt, Prädikat und Objekt benötigte Affenpelz Papier und Bleistift.
»Capper«, sagte Belacqua, »sprich nicht weiter. Ich lasse es dir als Geschenk verpacken.«
Als Affenpelz seine Atemnot bezwungen hatte, hielt er die Hand hoch.
»Nun?« sagte Belacqua.
»Zeitplatiniert«, sagte Affenpelz und brach zusammen.
»Nun?« sagte Belacqua.

»Mit Kupferauflage«, sagte Affenpelz. »Habe ich recht?«
Auf diese Vermutung folgte eine Totenstille, in der Affenpelz den Eindruck bekam, der Geist seines Wohltäters wäre seinem Verlies entwichen, zumindest auf Urlaubsschein, und er kramte nach irgendeinem leichtherzigen Trallala, mit dem er seine eigene Verabschiedung tarnen konnte; da aber gab Belacqua Laut, mit einer Stimme, die vor Rührung Blasen warf:

> Oaaseau bläheu, couleurre du temps,
> Vole a moaa, promptement.

und brach in Tränen aus.
Affenpelz erhob sich und schritt mit markerschütternder Behutsamkeit der Türe zu. Takt, dachte er, Takt, Takt, was jetzt vor allem not tut, ist Takt.
»Mach dich vertraut mit unseren Pflichten«, sagte Belacqua, »und sei nicht später als bis zwölf bei mir.«
Die Kkloos hielten Konklave ab.
»Selma«, sagte Una streng, »sei so freundlich und paß auf.«
Denn Selmas Gedanken waren von den komplizierten Rösselsprüngen, wie sie von der Braut in Blütenweiß verlangt sind, abgeschweift und hatten sie auf den üblichen Schwingen nach Galway, dem Tor von Connaught und Traum aus Stein getragen, genauer zur Kirche von St. Nikolaus, der Belacqua, es sei denn sie war grade zugesperrt, ohne Säumnis zuzustreben gedachte, um dort, zur Abwechslung einmal links von ihr, niederzuknien und, einem schon vor Urzeiten abgelegten Gelöbnis folgend, den Geist von Crusoe und Kolumbus anzurufen, die an der gleichen Stelle schon vor ihm auf den Knien gelegen hatten. Dann, nach ihrer Rückfahrt vorbei am Hafen ins Great Southern Hotel und der Besitzergreifung ihres Zimmers, sähe sie gewiß die Sonne im Meer versinken. Mit solchen Aussichten am Horizont, wie konnte sie da aufpassen? Laß wohl dir sein, das Glück ist dein.
Otto Olaf sang ein Liedchen. Mrs Kkloo saß nur so da, eine dicke Vettel mit leerem Blick, mehr tot als lebendig. Una

schlug mit einem großen Bleistift scharf auf den Tisch. Nach der Durchsetzung eines gewissen Grads an Ordnung, wenigstens eines Schimmers von Anteilnahme, zog sie ihre Liste zurate und sagte:
»Wir haben nur fünf Brautjungfern. Die Zwillingsschwestern Clegg und die Drillingsschwestern Purefoy.«
Die Feststellung blieb unbestritten. Otto Olaf wollten die fünf wie ein recht ansehnlicher Fischzug erscheinen. So hätte man das zu seiner Zeit gesehen.
»Wir brauchen aber neun!« rief Una.
Wie es das Glück wollte, wurde Mrs Kkloo von einem Gedanken heimgesucht.
»Aber Liebes«, sagte sie, »sind sieben nicht auch reichlich?«
Um ein Haar wäre Una aus der Versammlung gestapft.
»Nach meiner Ansicht nein«, sagte sie.
Die Vorstellung! Als ginge es um den Abschlußtreff der Fußballsaison.
»Nun, meine Hochzeit ist es nicht«, fügte sie dann hinzu.
Die diesem Zugeständnis unterlegte Ironie brachte Selma so sehr auf, daß sie sich ausnahmsweise auf die Seite ihrer Mutter schlug. Das war zu keinem Zeitpunkt eine Kleinigkeit, denn Mrs Kkloo stand an Unparteilichkeit Papst Cölestin dem Fünften nur wenig nach. Dante hätte sie aus diesem Grund gewiß mißbilligt.
»Ich votiere für so wenige«, sagte Selma, »wie es die Schicklichkeit erlaubt.«
»Ein höchst elegantes Quotum«, sagte Otto Olaf, »fast besser noch als neun.«
»Als Brautjungfernälteste«, sagte Una, »protestiere ich.«
Wieder kam von Mrs Kkloo die Rettung. Sie war in Höchstform.
»Dann fehlt noch eine«, sagte sie.
»Wie wärs mit Ena Nash?« sagte Selma.
»Unmöglich«, sagte Una. »Sie stinkt zum Himmel.«
»Dann eben die Dingsda, die McGillycuddy«, sagte Otto Olaf.

Mrs Kkloo setzte sich auf.
»Ich kenne keine Dingsda McGillycuddy«, sagte Una. »Mutter, kennst du eine Dingsda McGillycuddy?«
Nein, da tappte auch Mrs Kkloo völlig im Dunkeln. Una und sie warteten daher empört auf eine Erklärung.
»Tut mir leid«, sagte Otto. »Nicht bös gemeint.«
»Aber wer ist das Weib?« riefen Mutter und Tochter wie aus einem Mund.
»Ich habe mir nichts Bestimmtes gedacht bei meinem Vorschlag«, sagte Otto Olaf.
Mrs Kkloo war vollkommen perplex. Sich bei der Erwähnung einer Frau nichts Bestimmtes zu denken? Das war doch psychologisch glatt unmöglich! Mit aufgesperrtem Mund und geblähten Nüstern feuerte sie glotzend eine Breitseite von psychologischer Unmöglichkeit auf den Missetäter ab.
»Fahrt doch zur Hölle alle zwei«, sagte er plötzlich ungehalten. »Es war ein Witz, nichts weiter.«
Mrs Kkloo sah zwar immer noch nicht klar, beschloß aber blitzschnell, die Erklärung durchgehen zu lassen. Una war alles andere als amüsiert. Tatsächlich kämpfte sie mit der Versuchung, die ganze Sache hinzuschmeißen.
»Ich schlage Alba Perdue vor«, sagte sie. Es handelte sich eher um eine Ernennung als um einen Vorschlag.
»Das ist ihr letztes Wort«, kommentierte Otto Olaf.
Alba Perdue war, wie vielleicht erinnerlich, das nette junge Mädchen aus Ein feuchter Abend. Selma, der Belacqua seine Lesart der halbvergessenen Liebe anvertraut hatte, konnte ihre Beglückung nur schwer verbergen. Als sich ihr innerer Aufruhr hinreichend gelegt hatte, erklärte sie kaum vernehmlich in hyperbolischer Untertreibung:
»Ich bin auch dafür.«
Nun war es an Otto Olaf, sich zu erkundigen.
»Soweit ich weiß«, sagte Una, die anders als ihr Vater auf klare Fragen klar zu antworten verstand, »verbessere mich, Selma, wenn ich irre, eine Verflossene des Bräutigams.«

»Dann tritt sie nicht in Aktion«, sagte der treuherzige Otto Olaf.

Sogar Mrs Kkloo konnte sich nicht helfen und stimmte in den Heiterkeitsausbruch nach dieser Albernheit mit ein. Insbesondere Una schien nah daran, sich etwas anzutun. Sie bebte und brach in befremdlicher Weise in Schweiß aus.

»Du lieber Himmel«, keuchte sie, »tritt nicht in Aktion!«

Doch die Natur läßt ihre Kinder nicht im Stich. Ein lauter Ratsch ertönte. Una hörte zu lachen auf und saß regungslos da. Ihr Korsett hatte sein Leben für das ihre hingegeben.

In den zwei Wochen vor der Feier war von Belacqua so wenig zu hören, daß man fast fürchten konnte, er unterziehe sich von Kopf bis Fuß einer Verpuppung. Er hatte es Capper Quins Feingefühl überlassen, das einzelne zu regeln, und nur gesagt: »Hier ist Geld, leg es gut an.«

Aber bevor ihn diese Trägheit überkam, die teils der Erschöpfung sich verdankte, teils zweifellos auch einem Drang nach Selbstreinigung, hatte ihn vielerlei auf Trab gehalten: Er mußte einen Wucherer ausfindig machen, den Ring auslösen und zum besseren Gelingen des Hochzeitstingeltangels unter den Scheusalen und Ekeln zwei Gegenstücke zu Mr und Mrs Kkloo auftreiben. In Verfolgung dieser letzten Pflicht wurde ihm zugemutet, sich jeder Art von präpotenter Weigerung auszusetzen und sich dreist Lucys posthume Körperwärme vorhalten zu lassen, als wäre sie eine Flasche Weißburgunder. Bis schließlich eine bis fast zur Unglaubhaftigkeit entfernte Kusine und eine Art von zweifelhaftem Tithon, den schon sein Vater als ›der liebe alte Enterich‹ bezeichnet hatte, sich den Ansprüchen des hohen Amts gewachsen glaubten. Hermione Nautzsche und James Skyrm hießen diese beiden Schlotterwesen. Belacqua hatte sie nicht mehr erblickt, seit er ein Wunderkind gewesen war.

Bis auf einen kurzen täglichen Besuch von Selma, den er als zur Komödie gehörig schluckte, blieb er in seiner Klause ungestört. Die Hochzeitsgeschenke strömten nur so herein, nicht bei ihm, denn er war ohne Freunde, sondern bei ihr, und sie munterte ihn mit täglichen Lageberichten über ihren Zuwachs auf.

Eines Nachmittags trat sie in hocherregtem Zustand bei ihm ein. Belacqua stützte sich im Bett auf, um sich küssen zu lassen, was mit einer derart unvorgesehenen Gier geschah, daß er vorzeitig schlaff in sich zusammensank. Der arme Kerl, er hatte schon seit Tagen nichts Ordentliches mehr gegessen.

»Gott! Welch ein Geschenk für dich!« rief sie.

Belacqua, der in früheren Jahren dem Studium der Theologie sich gewidmet hatte, war von diesem Satz zutiefst getroffen. Ob das Geschenk ihn für den Schock entschädigte?

»Heute früh ist es gekommen«, sagte sie.

»Um wieviel Uhr genau?« sagte Belacqua, der seine Nervosität wie üblich durch Hohn beruhigen wollte. »Das ist mir äußerst wichtig.«

»Warum zum Teufel«, sagte Selma, und ihr ganzer Frohsinn war dahin, »fährst du mich denn so an?«

Tja, wenn er das nur selber wüßte.

»Aber zufällig kann ich es dir sagen«, sagte sie.

Belacqua dachte kurz nach und gab dann dem Schweigen den Vorzug.

»Denn«, fuhr sie fort, »ich habe sie sogleich gestellt.«

Ihm dämmerte die grauenvolle Wahrheit.

»Keine Uhr«, flehte er sie an, »bitte keine Großvaterstanduhr.«

»Großvater und Oma vereint«, sagte sie, »in einer echt antiken Pendeluhr.«

Er drehte das Gesicht zur Wand. Ihm, der die ganzen letzten Jahre über, mit Lucys ausdrücklicher Billigung, chronometrische Geräte jeder Art aus seinem Haus verbannt hatte, dem die öffentliche Bekanntgabe der Stunden jedesmal mit der Gewalt von Boxerhieben in den Schädel schlug und sogar der Sonnenschatten eine Marter war, sollte dieser Zeitzünder für den Rest seiner Tage in den Ohren gellen! Das reichte vollauf, die Verlobung rückgängig zu machen.

Noch lange nach ihrem Weggang wälzte er sich unruhig in seinem Bett, bis ihm am Morgen, zum Hohenlied der Ringeltauben, tröstlich wie eine Heimsuchung Gottes in der Hölle, der Gedanke kam, daß er dem Ungetüm ja immer noch die Unruhe vernageln und den Totenkopf der Wand zudrehen konnte. Dann schlief er ein.

Zur selben Stunde war Capper Quin in Sachen seines Auftraggebers hier und da und überall zugleich. Seiner Schwächen in einer Angelegenheit, die ihn der Aufgehobenheit im reinen Selbstausdruck soweit entriß, durchaus bewußt, heuerte er, auf der Grundlage eines umgewidmeten, bescheidnen Handgelds, einen gewissen Sproule zu seinem Beistand an, frisch abgesägter Börsenhändler einer Maklerfirma, dessen gewinnender Umgang und Vertrautheit mit den am Nordufer des Flusses gelegenen Einkaufszentren mit Gold nicht aufzuwiegen waren. Wach und munter trafen sie sich an dem bewußten schicksalsschweren Samstag zum Einkauf der Buketts, des großen für die Braut sowie der sieben kleinen für die Jungfern.

»Und Mrs Kkloo«, sagte Affenpelz, »wäre es angebracht?«

»Wäre was angebracht?« sagte Sproule.

»Ich dachte, eine Blüte«, sagte Affenpelz.

»Die reine Überschwängerung«, sagte Sproule.

Er ging voraus zu einem Blumenladen hinter der Mary Street. Die Besitzerin hatte unter ihrer Ware ein Antirrhinum entdeckt, das Ansätze zu einem fünften Staubgefäß aufwies. Sie war entzückt.

»Oh, Mr Sproule, Sie!« rief sie aus. »Wer hätte das gedacht ...«

»Guten Morgen«, sagte Sproule. »Eine große Orchidee und sieben Ihrer besten Margeriten.«

Nun war Capper Quin zwar völlig geschäftsuntauglich, aber mit einem so auserlesenen Sinn fürs Angemessene begabt, daß er zu dessen Wahrung sogar zu klarem Ausdruck fand.

»Namens meines Auftraggebers«, sagte er, »bestehe ich auf zwei Orchideen.«

»Tun Sie sich keinen Zwang an«, sagte Sproule. »Nehmen Sie drei, nehmen Sie ein Dutzend.«

»Zwei«, wiederholte Affenpelz.

»Zwei große Orchideen«, sagte Sproule, »und sieben Ihrer besten Margeriten.«

Wie durch Zauberhand erschienen neun Blüten vor ihren Augen.

»Vier Lieferungen«, sagte Sproule, »eine, zwei, drei und die mit zwei Orchideen.« Rasch stellte er Adressen und Bestellungen auf einem Blatt Papier zusammen. »Also dann«, sagte er. »Umgehend.«

Sie nannte daraufhin eine Summe, die den Käufer höchlich belustigte. Er appellierte an Affenpelz.

»Mr Quin«, sagte er, »ich träume wohl.«

Nicht nur bestätigte sie den Betrag, sondern bemerkte zudem, von etwas müsse sie schließlich auch noch leben. Sproule suchte umsonst nach einem logischen Zusammenhang. Er kniff sich in die Wange, um sich zu vergewissern, daß er nicht beim Luxusfloristen in der Nassau Street war. »Liebe Dame«, sagte er, »wir sind hier nicht in der Nassau Street.«

Der Ausfall machte seine Gegnerin so schwach, daß sie sich Bares in die Hand drücken ließ.

»Nehmen Sie es«, sagte er, als teilte er die Hostie aus, »oder lassen Sie es bleiben.«

Das kalte Mischmetall auf heißer Hand, im Verein mit schleppenden Geschäften und dem Drang zu leben, entschieden den Streit zu Sproules Gunsten. Woraufhin die Duellanten sich in aller Herzlichkeit die Hände schüttelten. Woher auch Groll, angesichts der festen Überzeugung beider vom eigenen Sieg?

Sproules Pflichten waren nun getan. Er nahm sein Handgeld in der Oval Bar entgegen, wo er nicht früher Ruhe gab, als bis Affenpelz seinen Dienstherrn mit Gin und Minze leben ließ.

»Der Hond hat Schwein«, sagte Sproule. Er war dem Weltkrieg unversehrt entronnen.

Affenpelz hatte ein so übersteigertes Empfinden, daß allein in-

nerhalb einer Schanklizenz zu atmen, auch abgesehen von den dort erlaubten Freiheiten, ihn ohne weiteres heiter stimmte. Er verbreitete sich daher unter dem Einfluß dieser Örtlichkeit in virtuosen Gedankensprüngen über den Widerspruch zwischen der bloßen Vorstellung eines glücklichen Belacqua und dessen schamloser Begier, derart ins Anormale abzugleiten.
»Unzucht«, sagte er, »vor dem Tabernakel.«
Die Bemerkung war begleitet und geziert von einem Schauer so zornerfüllten Widerwillens, daß dem Ex-Makler, der Pfadfindergemüter kannte und wußte, daß sich sein Pfad mit diesem so rasch nicht wieder kreuzte, der Austausch seines leeren Glases gegen den Humpen seines erregten Zechkumpanen als Liebestat angerechnet werden muß.
Auf der hellen Straße senkte sich bitter-süßer Schmerz auf Sproule: süß der Abschied, bitter die Einsicht, daß er seines Diensts enthoben war.
»Leben Sie wohl«, sagte er und warf die Schreckenshand zum Gruß aus, »möge das Glück auf Ihrem Weg gedeihen.«
Doch Affenpelz war von seiner Gebieterrolle noch zu berauscht und überwältigt, um sie zu schütteln oder gar zu antworten. Wie auf ein Laufband in der U-Bahn sprang er in den Passantenstrom und war verschwunden. Sproule hob den umflorten Blick und sah den Tag, mit seinen Sternstunden ohne Zahl, als eine schöne, schmachtende Pfadfinderin auf Wolken hingelagert. Sie winkte ihm mit dem Mittelfinger, wie eine Klavierschülerin im ersten Jahrgang auf dem Leinsterer Konservatorium bei ihrer Vorbereitung auf die Prüfung. Sanft schloß er das süße Gaukelbild in seine Seele ein, das ihn im Geist erquickte, wie ein Schwamm mit Franzbranntwein den Fiebrigen, und folgte ihm hinaus in die Oval Bar.
Und wen traf Affenpelz am Mittelknick der Metal Bridge – ausgerechnet Walter Draffin, noch feucht von seinen effeminierten Waschungen, so blank und aufrecht wie ein Hackebeilchen in den Mini-Gehrock eingezwängt. Die Sonne lag hell auf ihm und seinem schmachtlockigen Schädel, denn er trug den

Zylinder mit dem Rand nach oben in der Hand. Die beiden Herren sprachen gerade wieder einmal miteinander.
»Hier stehe ich«, sagte der Knirps mit einem Seufzer, der Affenpelz besorgt nach Kerkern und Palästen Ausschau halten ließ, »und schaue dem Wettschwimmen auf der Liffey zu.«
»Blauäugige Katzen«, kam von dem riesenhaften Capper der bekannte Spruch, aus keinem andern Grund, als daß er ihm im Kopf herumgegangen war und sich jetzt die Chance bot, ihn auf einen Schöngeist abzulassen, »sind immer taub.«
Walter lächelte vor Wohlgefallen und drehte wie ein Kind sein kleines Gesicht der wohlmeinenden Sonne zu einem Küßchen hin.
»Der Wühler Tukutuku«, gab er zurück, »ist manchmal blind, der Maulwurf aber niemals nüchtern.«
Der Maulwurf niemals nüchtern. Ein tiefes Wort. Capper suchte in seinem Wissensschatz nach einer ebenbürtigen Maxime und ließ den Kopf hängen, ein tapferer Verlierer, der sich mit dem Gedanken tröstete, Walter nähme gewiß die gute Absicht für die Tat. Der arme Affenpelz, er war ein Mann von Einsicht, aber außerstande, sie ohne ein Arsenal von Schreibwerkzeugen kundzutun.
»Unsäglich, dieser Einladungsschrieb«, rief Walter aus, »der alles bietet, nur kein Enjambement.«
Er wurde in seinem längst gehegten Verdacht bestätigt: Affenpelz hatte keinen blassen Dunst, wovon er redete. Es blieb nichts andres übrig, er mußte das Bonmot in seinem Buch verwenden. Walters Buch erschien noch lange nicht, da er es lediglich als Deponie betrachtete für alles, was anders nicht an den Mann zu bringen war.
»Und so hinweg mit Ihnen«, sagte er, »zu Ihrem Kunden; und mit mir zum Einkauf einer Knopflochblume.«
Derartig rasch dem Maulwurf und dem Enjambement nachgeschoben, brachte dies das Hirn von Affenpelz zum Siedepunkt, und seinem Mund entquoll ein zweisilbiges ›Rose‹ wie eine große Seifenblase.

»Blutrot und von der Wiege an«, sagte Walter, »duftendem Schmerz auserkoren. Nicht wahr?«
Affenpelz übermannte plötzlich das Gefühl, die Zeit seines Auftraggebers wie seine eigenen kargen Kräfte an eine Art von Kautschuk-Stalin zu verschwenden, er empfahl sich mit mehr als ungehobelter Plötzlichkeit und überließ es Walter, sich des Zentralgestirns zu erfreuen und daran seine Spucklocke zu lüften oder wenigstens zu trocknen. Ein vorbeieilender Witzbold warf einen Groschen in die Zylinderöffnung, der lautlos in der edlen Fütterung versank, und mit ihm auch der Witz.
Auf der Parliament Street war ein Leichenzug unterwegs, doch Affenpelz hielt sich bedeckt. Vielen der Trauernden gereichte die Ehrerbietung aus allen Teilen der Gemeinde zum nicht geringen Trost, und sein Anblick daher zum Zorn aus tiefstem Herzen, den sie freilich mit keiner Silbe äußerten. Möge dies jungen Leuten, mit Leid vielleicht noch unvertraut, zur Lehre dienen, im Angesicht von Leichenzügen den Hut zu ziehen, nicht sosehr aus Respekt vor den Verblichenen als in mitfühlender Verbeugung vor den Überlebenden. Der Tag wird Affenpelz noch leuchten, da er sich im Familienklüngel tapfer auf dem Sitz des Leichenwagens aufrecht hält und dann einen Arbeiter die eine Hand vom Pickel oder einen frohgestimmten Stutzer beide aus den Taschen reißen sieht in einer Geste von echterem Wert und Zuspruch als ein Doppelzentner Lilien. Man halte sich das Beispiel Belacquas vor Augen, der seit dem Hinscheiden von Lucy stets einen Hut getragen hat, gegen alle Neigung und auf die bloße schmale Aussicht hin, einem Begräbnis zu begegnen.
Der Brautführer hatte Anweisung, den schnellen, aber lautstarken Morgan aus der Molesworth Street zu holen, die Leihgabe eines Familienfreundes der Kkloos für die Reise zur hohen Zeit. Unnötig zu sagen, hatte ihn ein Volldepp so weit oben, fast schon in der Galeriengegend, abgestellt, daß der vom Glück verlassene Affenpelz, als er sich nach den üblichen Aufhaltungen in der Duke Street im Gefühl der höchsten Zeitnot

vom Westen her dem Parkplatz näherte und die beschattete Südpromenade entlanghastete, schier daran verzweifelte, das Einzelhinterrad, nach dem er Ausschau halten sollte, jemals ausfindig zu machen. Zu seiner großen Erleichterung erspähte er das Auto endlich, als drittletztes in der Reihe, aber zu seiner Pein zugleich eine Versammlung von Buben, Eckenstehern und dem Parkwächter, die, um den seltsamen Apparat geschart, über dessen Konstruktion und Leistung ihr Urteil fällten. Jedoch verlor er nicht den Kopf und untersuchte es, dazu aufs strengste angehalten, auf Verehelichungsembleme jedweder Art, die womöglich, und dann gewiß in bester Absicht, seiner Karosserie angeheftet worden waren, wie etwa Stiefel, Inschriften oder andere Schandmale. Nachdem er sich des Gegenteils versichert hatte, hievte er seinen Riesenkorpus an Bord, worauf das leichtgewichtige Fahrzeug die Expertisen der Umstehenden, vom sehr ernst und geflissentlich gebliebnen Wächter einmal abgesehen, zu Hohngelächter und Gejohle entarten ließ, weil es wie eine Schaluppe wippte. Affenpelz saß hochrot und entmutigt vor den Armaturen und fragte sich, was um Himmelswillen jetzt zu geschehen habe. Die Vorkehrungen, die einen Automotor in Gang setzen, waren ihm in allgemeiner Form geläufig, und er versuchte die vermutlich ungewöhnliche, mit dem der Morgan ausgerüstet war, in jeder denkbaren Kombination, jedoch erfolglos in Gang zu setzen. Die Buben drängelten sich darum, ihn anzuschieben, die Eckensteher, ihn abzuschleppen, während der Wächter sich durch nichts davon abschrecken ließ, den Vergaser vollzuschütten und den Motor anzukurbeln, der heimtückisch und unerwartet mit einer Fehlzündung ansprang und dem Beflissenen den Arm brach. Affenpelz stand so sehr unter Zeitdruck, daß er sein Herz geradezu herrenmenschenhaft verhärtete. Er ließ die Maschine aufheulen und sah sich plötzlich, von Vorwärtssprüngen und Blockierungen wild geschüttelt, unter dem Bug eines Busses das Hauseck zur Kildare Street abrasieren. Der Schaden beschränkte sich zum Glück auf ein abgerissenes Nummernschild, das dergestalt das dergestalt nicht nur ein hübsches Beispiel von poetischer Gerechtigkeit, sondern dem flügellahmen Wächter auch den Ansatzpunkt für eine Entschädigung liefern sollte.

All diese kleinen Begegnungen und Mißhelligkeiten finden in einem von strahlender Sonne übergossenen Dublin statt.

Belacqua schlief vorzüglich, wie immer, wenn er sich dazu herbeigelassen hatte, den Inhalt seines Gemüts genauer zu bewerten, gleichgültig ob als Freude oder Jammer, und wachte auch nicht auf, als Affenpelz unter seinem Fenster den Motor abwürgte, zum grausamen Schlag der Mittagsstunde. Reichlicher, insgeheimer Schnapsgenuß am Vorabend mochte zu dieser Ermattung beigetragen haben, aber nicht sehr, wenn überhaupt; denn oft auch sonst, wenn ihm seine Füße nicht weiterhalfen, hatte er, einfach weil seine Gemütskräfte sich einer Aufrechnung entzogen, sich um und um gewälzt, wie das Florenz des Troubadours Sordello, und doch in jeder Stellung nichts als Schmerz verspürt.

Er schlug vor Affenpelz die brennenden Augen auf, erhob sich, badete, rasierte sich und machte sich schmuck, das Ganze schweigend und ohne jede fremde Hilfe. Sie ließen den gepackten Koffer in das Brunnenloch des Morgan plumpsen. Belacqua begutachtete sich im Spiegel überm Kaminsims.

»Kleinigkeiten, Affenpelz«, sagte er, und nach dem langen Schweigen klang ihm die Stimme schrill im Ohr, »trennen Liebende.«

»Kein Hochgebirg«, sagte Affenpelz.

»Noch Festungsmauer«, sagte Belacqua.

Affenpelz warf sich zur Bezeugung seines Beileids dem Genossen an die Brust, er konnte einfach nicht mehr anders, und wurde zurückgestoßen.

»Wie steht es mit meiner Hinterseite?« fragte Belacqua.

»Du kennst sie«, sagte Affenpelz und erwies sich damit, in bei ihm ungewohnter Klarheit, als ebenso unbeirrbar wie unduldsam gegenüber jeder Rückansicht, »du wirst erdrückt vom eigenen Überfluß.«

Belacqua quetschte den Zeigefinger zwischen die Lippen.
»Wenn, was ich liebe«, sagte er, »doch hinter den sieben Bergen weilte.«
Der Genosse Capper löste sich in Luft auf, zumindest für Zwecke eines Zwiegesprächs.
»Während, wonach ich auf der Suche bin«, sagte Belacqua, es schien fast in Verfolgung eines zusammenhängenden Gedankengangs, »sich weit und breit nicht sehen läßt.«
»Vobiscum«, flüsterte Capper. »Hab ich recht?«
Eine Wolke zog vor die Sonne, es dämmerte im Zimmer, der Kaminspiegel leerte sich vom Licht. Belacqua bekam feuchte Augen und wandte sich ab vom verschwommenen Ebenbild.
»Denk daran«, sagte er, »für mich wie für die dereinst dem Charleston Entrissenen gilt jetzt: Dum vivit aut bibit aut minxit. Halte das schon heute fest.«
Ein sauberer Quäkersproß!
Auf der Fahrt durch die Stadt fiel ihm ein, daß ein Knopfloch ohne Blume nun allerdings an den Kufen für den Schlitten sparen hieße. Er ging in einen Blumenladen und kam mit einem Büschel lila Ehrenpreis am falschen Rockaufschlag zurück. Affenpelz fielen die Augen aus dem Kopf. Weniger die verletzte Etikette ließ ihn zusammenfahren als die Tollkühnheit, in einem gewendeten Anzug zum Altar zu schreiten.
Ein abscheuerregendes Hotel war ihr nächster Aufenthalt. Affenpelz zog sich um und wirkte mehr denn je wie der Tiere König mit der Räude. Belacqua führte sich ein karges Mittagsmahl aus Bier und Schalottenzwiebeln zu Gemüte – kaum das Richtige, wie man denken sollte, für jemand, der kurz vor seiner zweiten Eheschließung stand. Doch seis drum.
In der Kirche St. Tamar, spitztürmig überspitzt bis zur Obszönität, war zu den in hautengem Tüll und mit ihren gräßlichen Margeriten herausgeputzten Brautjungfern gerade Mrs Kkloo getreten, die sich für Gaze und einen Busenschmuck aus Omphaloden entschieden hatte. Sie standen mit einem wackligen und verzückten Walter in der Vorhalle eingepfercht, als Mor-

gante und Morgette, um Unas giftige Benamsung aufzugreifen, nicht Arm in Arm, sondern im Gänsemarsch sich näherten. Alle außer Walter waren über die Fahne des Bräutigams regelrecht entsetzt. Mrs Kkloo versenkte das Gesicht in ihren Omphalodenstrauß (das arme Selmchen!), die Cleggs wurden beide zugleich rot, die Purfoys verzogen sich in einen dunklen Winkel, während Una nur der Haß auf alle Lästerung davor zurückhielt, eine ebensolche auszuspucken. Miss Perdue empfand den Hauch eher als erfrischend. Der Schuft und sein Kumpan schritten zur Kanzel hin und bezogen hinter der Balustrade Stellung, der letztere mehr rechts und in kleinem Abstand, mit einem Hut in jeder Hand.
Die südlichen Kirchenbänke waren mit Mitgliedern und Anhängseln des Kkloo-Clans reich bevölkert, wohingegen die nördlichen bis auf zwei weit auseinandersitzende Groteskfiguren vor Leere gähnten: Jimmy Enterich Skyrm, ein vergreister Schwachkopf, dessen Aufzug in Salz-und-Pfeffer, Jabot und Strickweste zum Himmel schrie, zermalmte zähneknirschend nichtvorhandene Spaghetti; und Hermione Nautzsche, eine untersetzte Nymphomanin, keuchte in Schwarz und Mauve zwischen eingezogenen Krücken. Ihre fehlende sexuelle Hälfte hatte trotz lebenslanger scharfer Ausschau ihre Sphäre nie berührt, und inzwischen hegte sie, der bei jedem Schritt der Kalk von den Gelenken platzte, auch keine übertriebenen Hoffnungen mehr auf eine Abrundung in diesem bedeutungsschwangeren Sinn. Wenig läßt sie sich von dem Aufruhr träumen, den sie im Gemüt von Skyrm entfacht hat, der genau außerhalb ihres Bannkreises die Luft in sich einmümmelt und hinunterschlabbert.
»Ecce«, zischte Affenpelz wie vereinbart, und vergeblich warf sich Belacquas Herz gegen die Wände seines Leibgehäuses: Die Kirche war zum kreuzesförmigen Käfig, die Querschiffe zu Sackgassen geworden, die Himmelsdoggen hielten den Altar besetzt, der Brautzug wollte aus der Vorhalle dawiderkläffen. Der Organist schoß zur Empore wie ein Meuchelmörder und

setzte ein verworrenes Getöse frei, das fest versprach, zu gegebener Zeit in perlendes Frohlocken aufzublühen. Selma wirkte sehr eindrucksvoll und außerehelich in graugrünem Hahnentritt, geschlitztem Rock mit Einsätzen aus Mestizenrosa und rauschte im Seitenschiff am rechten Arm von Otto Olaf daher, dem seit dem Weggang aus der Nummer 55 ein Ohrwurm im Kopf umging und ihn noch immer nicht verlassen wollte:

> Mäßig trink zu jeder Stunde,
> Wein mit Wasser dir nur munde,
> Laß jedes zweite Gläschen aus
> Und wirf den ersten Mann hinaus.

Der lebenskluge, alte Otto Olaf! Zum Schluß starb er an einem Blutgerinnsel und vermachte seinen Weinkeller dem Hörner.

Die Jungfern, mit der sonderbaren Deltaformation von Alba, Mrs Kkloo und Walter in ihrem Troß, übernahmen von der Braut die Schrittgeschwindigkeit und von der Jungfernältesten das Gebaren, woraus ein zugleich rascher und verdrossener Fortgang sich ergab, denn Una hatte einen irreparablen und höchst deplazierten Nahtspliß im hauchzarten Tüllgewand entdeckt.

Die Angst vor dessen Verlängerung ins Äußerste in dem Augenblick, da sie sich für die Entgegennahme des Brautbuketts und der Handschuhe ihrer ekelhaften Schwester rüsten mußte, ließ sie, und daher auch ihre Genossinnen, über Grad und Umfang ihres sonstigen, vom derzeitigen Anlaß noch verstärkten Menschenhasses weit hinaus, so säuerlich wie eine Essiggurke dreinschaun. Mit Ausnahme der Alba allerdings, die, abgesehen von einem alten Darmgrimmen, das sich anscheinend fest in ihr Leben eingenistet hatte, nicht vergnügter hätte sein können, wäre sie die Braut selbst gewesen und nicht nur das Jungfernschlußlicht. Auch daß Walter ihr so nah auf dem Fuß folgte, hielt sie auf Trab.

Daß Belacqua die Nähe Gottes oder Selma die der versammelten Apostelschar gefühlt hätte, wäre zuviel gesagt; doch teilte sich auf ungreifbare Weise der feierlichen Eheschließung eine gewisse und bestimmte mystische Ausstrahlung mit, von der Joseph Smith gewiß angerührt gewesen wäre. Belacqua streifte ihr den Ring über wie die Maus der Katze eine Glocke, mit einem geheimen Stoßgebet, der Eheknöchel der Geliebten möchte gegen das Zeichen und Faustpfand so hoch anschwellen, daß ihr die schmerzliche Inschrift auf dem Innenrand erspart blieb: Mens mea Lucia lucescit luce tua. Sein Gemütszustand zu diesem Zeitpunkt war derart angespannt und vielgestaltig (worüber man sich kaum zu wundern braucht, bedenkt man die Länge seines Leidensweges: der Todesfall, der ihn ganzjährig zum Tragen eines Hutes verpflichtete; der süße, wilde Schmerz seiner Entflammung für Miss Kkloo; die lange Flucht ins Bett, die ihm einen ausgewachsenen Marasmus eingehandelt hatte; das Bier und die Schalottenzwiebeln; und nun die Brandmarkung durch ein äußeres und sichtbarliches Mal), daß er sich jenem seiner lieben abgeschiedenen Lucy durchaus an die Seite stellen ließ, als sie bleich und mit aufgerissenen Augen die Wiederholung des Themas aus dem ersten Satz der Unverbrämten Symphonie vernahm:

Was man auch immer sagen mag: ein toter Geist läßt sich nicht ganz begraben.

Apropos Haustiere: Selma blieb die ganze Feier hindurch katzenhaft und unergründlich und störte sich kein bißchen an der notorischen Weinbaufabel, die Belacqua so aus der Fassung brachte, vielleicht besser: erboste, daß sein Suppentellergesicht vom gewohnten Staubgrau zu Scharlachrot überging, um dann über Bleiweiß zurückzuwechseln. Sollte er die erste Gelegenheit... ergreifen, seine Braut auszuschwefeln, zu seiner Sicherheit? Nein, das hieße Menschunschuld mit Mißtrauen anschwärzen. Und welche Sicherheit? Vor Ölzweigen? Die aberwitzige Wendung und alle ihre wie mouches volantes durcheinanderschwirrenden Obertöne reizten Belacqua zu so ausführlichem Hohngeschniefe, daß das Sakrament als vollendeter Mumpitz dagestanden wäre, hätte der Priester nicht kühl und geistesgegenwärtig der Ungehörigkeit mit einem Altargebet eine schützende Hand vorgehalten.

Apropos Hände: Selmas Rechte hüpfte so geschickt durch das liturgisch nahgelegte Husch-ins-Häuschen, daß der Priester davon ganz berückt war. Der Kurat wollte beschwören, dergleichen außerhalb des Musée Rodin noch nie erblickt zu haben, der Schreiber war an einen Dürer-Entwurf erinnert, der Pfarrer an seine Pfründe, und Belacqua, von unterdrücktem Stöhnen über die Notwendigkeit geschüttelt, so quälend lange Blick und Geste in den Gegensinn der Uhr zu richten, traf Maupassants Wahrspruch wie ein Peitschenhieb: Reblaus des Geistes.

Schließlich hatten sie einander so fest zugestimmt, daß jede Ausflucht ausgeschlossen war, die Trautgeliebten sich für alle Zeiten auf Ruh und Frieden festgelegt, sodaß ihr beider Jaruf sich umso mächtiger entladen konnte, und zugleich hatte Otto Olafs persönliche Version von

Nahe dich, erhabner Vater!
Laß fahren hin die Braut

Skyrms sonettschwangeres Herz so tief bewegt, daß er sich, auf Gedeih oder Verderb, in das Gestühl hinüberschleppte, in dem Hermione wie auf einer Ruderquerbank thronte. Unter der Tarnung familiärer Festgefühle schlug er hier Wurzel und schnorchelte sich mit einer eberhaften Gier in ihre Zuneigung, die auf einen Menschen von Gesittung nur dann abstoßend wirken konnte, wenn er mit dem Phänomen der Kristallisation noch unvertraut geblieben war. Die Sakristei hatte alle Unterschriften, Obliegenheiten und Schmätze glücklich überstanden, und Mrs Kkloo riß in der Nummer 55 die Gaze vom kalten Buffet, fast noch bevor der Organist sein Instrument wieder in den Griff bekam. Die Alba fuhr mit Walter im Taxi, Otto Olaf und Morgutte nahmen die Tram, die zwei Groteskfiguren wissen bis heute nicht, wie sie hingekommen sind, und die Jungfern, außer Una, die sich lebensklug einen Mantel übergeworfen und ein wildfremdes Auto angehalten hatte – nun, die schwebten zu Fuß wie Hausfeen durch die grellerleuchteten Boulevards.

Dies die Quisquilien, von denen soviel abhängt.

Daß im Wohnzimmer Gedrängel herrschte, hieße untertreiben. Es starrte vor Gästen. Otto Olaf befand sich in der schmerzlichsten aller Lagen, seine lieben Möbel leiden zu sehen, ohne ihnen beistehen zu können.

Die Versammlung wirkte fröhlich-herzhaft in ihrer kringeligen Anordnung, denn der Gästezug hatte sich in der Zimmermitte locker aufgerollt und wartete auf einen möglichen Abgang. Walter fühlte sich allmählich, aber immer klarer an ein Fresko von Benozzo erinnert und sagte das auch in seiner hochparfümierten Stimme zur Alba.

»Esel und was noch alles«, antwortete die Alba mit unbeschreiblicher Verbitterung.

Una stampfte wie ein Schaf mit dem Fuß auf, und alle wandten ihr auch aufgeschreckte Schafsgesichter zu. Sie hatte es irgendwie geschafft, ihren Tüll zu stabilisieren und einzudämmen, aber jetzt neuen Grund zur Klage: Das frischgebackene Ehepaar, das als erstes hätte zuhause sein und sich den Glückwünschen hätte stellen müssen, war allen Ernstes noch nicht aufgetaucht. Dadurch kam der Ablauf völlig ins Stocken. In ihrem gegenwärtigen, kopflosen Zustand konnte sich die Gästeschlange nicht entrollen und wie geplant zur Tür hinauswinden, und bevor sie sich nicht entrollte, fand naturgemäß auch die Zimmerverstopfung durch hereingeschneite Herrschaften, deren Ursprung und Hauptquell sie gleichsam bildete, keine Linderung. Aber es brauchte das pflichtvergessene Paar ja nur zu erscheinen und Aufstellung zu nehmen, und siehe da! schon

konnte das Gewimmel wie durch ein Wunder fröhlich hinübertrapsen zum Stehimbiß. Wieviel Wasser im Mund bis dahin nicht vergeudet war!
»Heben Sie mich hoch, Mr Quin«, rief Una. Sie schlug vor Zorn alle Bedenken in den Wind.
Affenpelz warf einen wilden Blick auf die Büste seiner Partnerin, denn dem Comment zufolge war sie das – sie bildeten nämlich, um den Sinn des Ausdrucks etwas abzuwandeln, das vierte Glied des Hochzeitskringels, als unmittelbare Nachhut von Mrs Kkloo und Skyrm, die ihrerseits den Schwartenberg der in ihren Krücken flappsenden, schwappsenden Hermione vor Augen hatten und den armen Otto Olaf, der an allen Gliedern bebte – wild hielt er Ausschau nach dem zugleich wirksamen und ehrerbietigen Hebelpunkt für einen Nelson von nicht allzuviel Vertraulichkeit, obwohl er nach dem Grund ihres Erhöhungswunsches zu fragen sich die Zeit nicht gönnte.
Aber bevor er in seiner vagen, zagen, stampfend-schnaubenden Manier die Sache noch verkorksen konnte, erscholl aus der Diele lauter Tumult, in dem Belacquas zur Schmähung hoch erhobene Stimme alles andere übertönte. Das waren also endlich sie, jedoch begleitet von einem schnieken Offizier der Bürgerwehr im höchsten Rang, der Straßendienst noch erlaubt, sowie dem heimgesuchten Parkwächter, der bleich wie Stein mit seiner heilen Hand das verdammende Beweisstück des Nummernschilds umklammert hielt.
Otto Olaf bohrte den Ellenbogen in das Öhr von Hermiones Krücke und puffte sie. Als sie so aufmerksam auf ihn geworden war, sagte er mit gebrochener Flüsterstimme: »Ich bin auf der rechten Lunge äußerst schwach.«
Hermione quiekte vor Entsetzen auf.
»Aber auf der linken«, röhrte er, »da bin ich kerngesund.«
»Vermutlich«, sagte Mrs Kkloo zu James Skyrm, denn dessen Gesichtspaddel hatten allmählich so heftige Luftwirbel aufgewühlt, daß sie fürchtete, er führte namens seiner Anverwand-

ten eine ritterliche Reinwaschung im Schilde, »vermutlich, nehme ich doch an, wird Mr Kkloo in seinem eigenen Haus noch tun und lassen können, was er will.«

Als James die Angelegenheit in dieses Licht gerückt sah, gab er sogleich klein bei.

Das keck aufs Ohr gesetzte Käppi des Parkwächters mit dem grünen Band und der vergoldeten Schnalle und darunter der schmetternde weiß-schwarze Zweiklang des unbändigen Haarschopfs und der Stirn hatten es Walter so angetan, daß er nur die Augen zu schließen brauchte, und schon war er nach Pisa zurückversetzt. Was dieser italienisierende Ire an Bildern wecken konnte, war außerordentlich, und wenn Walters *Traum von mehr bis minder schönen Frauen*, der in den letzten zehn oder fünfzehn Jahren über das Stadium des limae labor nicht hinausgediehen ist, jemals das Licht der Öffentlichkeit erblickt, und das wird ihm zufolge unweigerlich der Fall sein, sollten wir nicht verfehlen, es uns zu besorgen und immerhin hineinzuschnuppern.

Belacqua beschimpfte seinen Häscher und Ankläger mit der Wildheit einer Bestie. Otto Olaf, wie dann auch Capper, traten vor, der eine, um unter allen Umständen dem Frieden, der andere, um auf den Knien seines Herzens der lauteren Wahrheit zum Durchbruch zu verhelfen, und alsbald war der Wächter bis zu dem Geständnis eingeschüchtert, daß sein Unfall nicht als Folge bloßer Pflichterfüllung, und doch auch wieder nicht einer an ihn herangetragenen Bitte um Beistand, sondern nur kurz und schlicht des eigenen Übereifers angesehen werden konnte, der ohne den Schatten eines Zweifels in der Geldgier wurzelte.

Bei einer spontan abgehaltenen Schnellkollekte wurde mildtätig eine kleine Summe zu seiner Unterstützung gezeichnet, die er jedoch unter keinen Umständen als Entschädigung aufzufassen hätte. Der Zwischenfall war damit aus der Welt geschafft.

»Mir blutet das Herz für ihn«, sagte Walter.

»Mir nicht«, sagte die Alba, »ist er denn nicht versichert?« Sie hatte eine Idee.

»Bring mich heim«, sagte sie zu Walter.

Walter erklärte ihr, daß er sich einen Toast hatte aufhalsen lassen, wonach er sie, wenn das Angebot noch stand, nur allzugern heimbringen wollte. Auf einem der langen Umwege, die sein Entzücken waren.

»Ich verspreche nichts«, sagte die Alba.

Der Imbiß war eine Enttäuschung für groß und klein – ein paar Kufen voll Melasse und geeiste Trockenschoten. Belacqua schloß die Augen und sah deutlicher denn je einen Zapfhahn vor sich. Die Nachspeise wurde herausgerückt, und dann wollte Selma partout den Kuchen nicht anschneiden. Sie war aber auch ein sonderbares Mädchen. Von Una und Birdie hart bedrängt, wandte sie sich fragend an ihren Gatten. Ihr Gatte! Er riet ihr, als er mit großer Mühe enträtselt hatte, wovon sie faselte, ganz offen dazu, das Monster zu schlachten; nachdem alle so versessen darauf warteten, gebiete das das Feingefühl. Er erwärmte sich für das Thema bis zum Appell an sie, noch ein wenig auszuharren, bald wäre alles überstanden. Was als hastiges und verstohlenes Beiseite begonnen hatte, wuchs sich zu einem regelrechten tête-à-tête aus, und als Selma sich schließlich umwandte, um dem Feingefühl zu genügen, fand sie den Kuchen in Bröseln vor. Er war mit Orangenblüten dekoriert gewesen. Die wenigen, die den Traumsüchtigen entgangen waren, sammelte sie ein und barg sie in ihrem Busen. Die wollte sie in den tiefsten Winkel eines Schatzkästleins verschließen und in liebendem Gewahrsam halten, solang sie atmete, zusammen mit ihren zwei Orchideen und Belacquas Ehrenpreis – welche Speerspitze leidenschaftlicher Ergebenheit sie sich entschlossen hatte vor allen Anwärtern in Sicherheit zu bringen, vogue la galère! Mochte die Zeit die Angebinde auch zu Staub zermahlen, die Grundbestandteile blieben doch auf immerdar die ihren. Sie war aber auch ein zu sonderbares Mädchen.

Walter streifte sich die Stiefel am Aubusson von Otto Olafs Empire-Ottomane ab, schlug mit dem Cocktailstäbchen gegen sein Glas Golden Guinea, bis Stille herabsank, und ließ seine Rede in so holprigem Geklapper, daß es nie mehr ungesagt zu machen war, wie folgt vernehmen:

»Es ist bezeugt, daß eine Abgeordnete des Unterhauses und Ehgespons zumal auf die Füße sprang, Füße von der Art, denn aus Dublin stammte sie, von denen Swift mit einem Seitenhieb auf die Mißachtung der Shankschen Stute durch die Frauen dieses Landes behauptete, sie taugten nur zum Übergangenwerden, und erklärte: ›Lieber begehe ich noch Ehebruch, als daß mir ein Tropfen berauschenden Getränks über die Lippen kommt.‹ Worauf ein grobschlächtiger Bäcker, der für Arbeiterinteressen eintrat, konterte: ›Täten wir das nicht alle lieber, geehrte Dame?‹«

Diese Eröffnung war zu dicht gedrängt, um allgemeinen Beifall auszulösen. Auf Otto Olaf tat sie erst etwa fünf Minuten später ihre Wirkung und versetzte ihn in hilflose Lachkrämpfe. Der Anblick von Walter, der über seinen fabelhaften Polstermöbeln wankte wie ein Wahlredner oder ein Eingekerkerter, hatte sein gesamtes Nervensystem zum Kippen gebracht, und ihm schwoll das Herz zusehends vor Bosheit und Wahnsinn.

»›Il faut marcher avec son temps‹, sagte ein Deputierter der radikalen Rechten. ›Cela dépend‹, antwortete Briand mit einem Hohnlächeln wie aus der Gruft, ›dans quoi il marche.‹ Also bitte keine Zwischenrufe, messieurs dames, wenn ihr mir nicht den Garaus machen wollt.«

Er ließ den Kopf hängen wie ein Pelikan nach langem Flug, spitzte die Ohren seines furchterregenden Schnurrbarts und scharrte und schlürfte mit den Füßen wie ein bei einer Ehrenrührigkeit Ertappter. »Jetzt hat er den Verstand verloren«, sagte die Anführerin der übelmeinenden Damen. Otto Olaf stahl sich zum Stummen Diener hin. Una ließ sich mit großem Aplomb auf einen Puff plumpsen. »Sagt mir Bescheid, wenn er zu seiner Rede kommt«, bemerkte sie. Selmas Augen flitzten auf der Suche nach Orangenblüten hin und her, Belacqua sah Selma zu, und Alma ihm. James und Hermione, von der Melasse aufgeputscht, erprobten einander vor einem Rokokotrumeau. Mrs Kkloo bugsierte sich zu einem Aussichtsposten hin, der sowohl den Gatten wie den Liebhaber in ihr Blickfeld rückte. Der wie üblich vorsichtshalber engagierte Privatdetektiv ragte mit Kopf und Schultern aus der Plebs und las die Zeitung. Zwei prachtvolle Barmixer fanden sich Naht an Naht. »Besoffen«, sagte der eine. »Ganz schöner Stich«, pflichtete der andere bei, und sie tauschten einen langen Blick des Einverständnisses.

Um Walter hier nicht anzuschwärzen, er wirkte alles andere als aufdringlich in seiner Galgenvogelmiene, hinter der indessen nichts als die Milch der frommen Denkungsart, der Schein über der Bundeslade und er selbst in seiner ritterlichsten Rüstung sich verbargen – ein Walter, der sich von der Alba-Eos seine Wunden salben ließ und hinter Apfelgärten die Sonne schwerfällig in blauen Schatten untergehen sah. Zusammenfahrend kam er zu sich, warf den Mantel seiner Schwermut ab und sprach die erstbesten Worte, die ihm gerade einfielen:

> Semper ibi juvenis cum virgine, nulla senectus
> Nullaque vis morbi, nullus dolor...

Mrs Kkloo, die bereits erbebt war, als sie Otto Olafs verzögertes Gekecker vernommen und ihn mit verstohlener Geste die Puddingburgen auf dem Stummen Diener hatte an sich nehmen sehen, zeigte sich kaum überrascht, als er damit seinen Feind im Schnellbeschuß eindeckte. Doch Walter gelang es leicht, die harmlosen Geschosse abzuwehren, er fing sogar eines auf und aß es, und alsbald hatten sich die Kräfte des Alten, und damit auch sein Zorn, erschöpft. Seine Arterien zerfledderten von diesem Zeitpunkt an mit dem oben schon erwähnten, verhängnisvollen Ausgang.

»Ich erhebe dies mein Glas«, sagte Walter, wobei er es tief unter sich und leicht nach links wie ein Schild von sich streckte,

»diesen ruhmreichen Pokal im Namen aller Anwesenden oder durch Alter, Siechtum, Geistesschwäche oder anderweitige Verpflichtungen Verhinderten auf dich, liebste Selma, die wir alle lieben, und auf Sie, Mr Shuah, dem in seiner Liebe zu Selma und ihrer zu ihm gewiß auch unsere Liebe zusteht, hier auf der Schwelle eurer Seligkeit, hinter der sie so oft und solcherart eine irdische oder andere Erfüllung finden möge, wie ihr wollt.«

Er schwang den Schnaps, versetzte sich einen langsamen Kinnhaken mit dem Glas und trank.

»Ich schließe diese meine Augen«, fuhr er fort, richtete sie auf Mrs Kkloo und brachte sein Glas zurück in Ausgangsstellung, »und sehe das Paar auf jener denkwürdigen Insel, Avalon, Atlantis, Hesperis, Ui Breasail, ich lege mich nicht fest, eingelullt in Läbesglöck von siamesischer Haecceïtas und dem Genuß entzückender Naturumgebung. O mög ihr Stern, der lohende Leuchtkern ihrer Begierde, nicht der meinen, teure Freunde, noch auch der euren, denn keine zwei Sterne leuchten ja gleich hell, wie Paulus sagt, zum Ruhm des Herrn, sie mit allen statthaften Diffraktionen erfreuen!« Er ließ dem Rest im ruhmreichen Pokal freien Lauf. »Hymens Gnood und Boistand seien sie anheimgestellt, jetzt, zukünftig und auf immerdar. Zum Wohl.«

Damit endete Walters Toast, und nach Meinung aller war der Schluß sehr gut für eine so schlechte Rede; aber nachdem er sich weiterhin auf der Ottomane in verzückter Pose in die Höhe reckte und sich am Beifall labte, nahm Belacqua an, daß noch etwas ausstand, und fuhr daher zusammen, als Una, die beim geringsten Anzeichen einer Verzögerung unweigerlich in Raserei geriet, in gereiztem Ton ihm das jetzt Nötige abverlangte: »Also Mr Shuah, was issjetz Mr Shuah, worauf warten Sie denn noch Mr Shuah.« Dieses schäbige Gestichel ließ seine Danksagung weniger herzlich ausfallen, als ursprünglich beabsichtigt. Er hielt sie von seinem Standplatz aus in der ausdruckslosen Stimme, die er so meisterlich beherrschte.

»Mein Dank gebührt Miss Kkloo, die fortan ohne Gefahr einer Verwechslung so heißen kann, für ihre wie stets zeitige Ermahnung; Mr Draffin, für seine freundlichen Schwälle von Litotes; Mr und Mrs Kkloo für ihre verschwenderische Bewirtung; den Brautjungfern, mit besonderer lobender Erwähnung ihrer Anführerin Belle-Belle, für ihre so sorgsam abgewogenen heutigen Dienste, hinausgehend über die bloße Seelenstütze und doch noch keine vis a tergo; Skyrm und Nautzsche im Verein, zu meiner Freude noch immer unverzagt im Aufstieg, um dem hohen Tag gerecht zu werden; meinem Freund und Brautführer, Däumling Affenpelz Capper Quin, der tagaus, tagein sein Gewicht für mich und andere in die Waage wirft und dessen Astralleib ich zuversichtlich als ein fait accompli ansehe; dem gesamten Kirchenpersonal; dem Abbé Gabriel; kurzum allen, die mit Zustimmung und Zeugnis, in welch kleinem Scherf auch immer, beigetragen haben zu diesem Wirbelchen im Weltentrubel, Eleleu. Jou Jou.«
Einen Plutarchforscher hatte es neben einen Physiker der neuzeitlichen Schule verschlagen.
»Da haben Sie ihn«, sagte er, »wie er leibt und lebt.«
»Die Welt hat nur zwei Notventile«, sagte der andre.
Die ohnehin schon kleine Aussicht von Belacquas Worten auf zustimmende Aufnahme wurde dadurch mehr als hinfällig, daß er vor aller Augen in pantomimischer Verschachtelung eines Sela und eines Seufzers der Erleichterung jede Danksagung zugleich an den Fingern abhakte. Selma stapfte durch das allgemeine Schweigen und Entsetzen zur Tür, öffnete sie und schloß sie hinter sich – ein Ausdruck ihrer Unabhängigkeit, der Una nun doch etwas den Teppich wegzog, die sich nämlich vorgenommen hatte, sich zu dem Zeitpunkt, wo ihre Dienste offensichtlich am dringlichsten benötigt wurden, plumpsdich auf den Puff fallen zu lassen, um so der Braut öffentlich eins auszuwischen.
Affenpelz hingegen blieb seinem Auftrag bis zuletzt treu und meldete sich knapp zur Stelle.

»Verdufte hier«, sagte Belacqua, »und stell das Ding in der Gasse hinter der Denmark Street ab.«

Die Gäste vertagten sich nun steif in den Salon. Walter und Otto Olaf entzweiten sich in einem erbitterten Hasch-mich-Wettstreit um die Person der Alba, den Otto Olaf für sich entschied; Hermione bildete mit James, der sie in einem grabestiefen Sessel auf Rollen vor sich her schob, den Troß des Rückzugs. Das groteske Gefährt kam auf dem Flur zum Stillstand, da die Insassin die Füße auf den Boden setzte – ob aus Gefallsucht oder Kräfteschwund, das mag der Leser selbst entscheiden.

»Meine Krücken, Jim«, sagte sie.

Jim lief zurück, um die Krücken zu holen, Walter fand bei Hermione Zuflucht, die Alba schlug Otto Olaf in die Flucht, Jim kam mit den Schwengeln zurück, Hermione brachte sie irgendwie unter sich, Walter war wieder mit der Alba vereint. Sie blieben ruhig an Ort und Stelle, also im Flur, und berieten, zuerst einzeln, dann, als sich aus ihren Reden die Gemeinsamkeit ihrer Absichten entnehmen ließ, gemeinsam, wie sie vorgehen wollten. Vier Köpfe bringen mehr zuwege als zwei, acht mehr als vier, et cetera.

Nach einer nicht zu knappen Anstandspause entschuldigte Belacqua sich für einen Augenblick (das hatte er, wie vielleicht erinnerlich, auch bei dem Dichterdenkmal schon getan), ging hinaus, hüpfte die Treppe hinauf, griff sich seine Braut wie ein Kosak und führte sie auf verstohlenen Pfaden in den Garten hinterm Haus hinunter. Er öffnete die Pforte auf die Gasse mit demselben Schlüssel, von dem sich die Geliebte eine Beschleunigung seiner Werbung in ihren frühen Stadien erhofft hatte, und sie hätten die abscheuliche Örtlichkeit im nächsten Schritt hinter sich gehabt, da zwang sie ein schwachbrüstiges Wehgeschrei aus dem Garten, sich nochmal umzudrehen. Es stammte von dem unzähmbaren Quartett Hermione, Alba, Walter und James, das schwitzend und flehentlich gleichfalls seinen Ausbruch unternahm.

Belacqua stand starr wie eine Kuh im Donner, von der überwältigenden Ahnung überkommen, dies alles würde ihm dereinst nochmal, im Traum oder einem zweiten Leben, zustoßen. Dann trat er auf die eine Seite, Selma auf die andere des kaudinischen Engpasses und sagte, während die Flüchtlinge die Luke stürmten wie Frauen eine Tramtür, zu sich selbst: »Wer geliebt wird, soll auch leben, das ist recht.« Von diesem Augenblick an pflegte er später den entscheidenden Verlust der Anteilnahme an sich selbst zu datieren, als einer für ihn zu hoch gehängten Traube.

Doch der Alarm war ausgelöst, Gesichter tauchten in den Fenstern auf, Una schrie Mordio, bis sie fast barst, die Barmixer und der Privatdetektiv stampften als Vorhut der Verfolgungsjagd durch den Garten heran. Belacqua warf ihnen Affenpelz als Stolperstein entgegen, verschloß die Pforte von außen und vertraute sich und sein Eheweib dem schnellen, wenn auch lauten Morgan an.

Die übrigen vier wähnten sich erst in Sicherheit, als sie in der Capella Lane angelangt waren, der erlesenen Zönothek in Charlemont House. Dort suchte man sie gewiß zuallerletzt.

Lucy saß fast auf dem ganzen Weg nach Galway als atra cura auf dem Rücksitz.

Sie machten halt und tranken etwas. Selma saß wie immer auf seiner falschen Seite und nannte sich beharrlich Mrs Shuah, sodaß sein kleines Herz anfing wie wild zu klopfen. Er wandte ihr ein Gesicht zu, wie sie es noch nie vor sich erblickt hatte.

»Hast du schon einmal von einem Babakoto gehört?« sagte er.

Selma war jetzt ein tapferes Mädchen.

»Einem wie bitte?« sagte sie.

Belacqua machte sich die Mühe, ihr das Wort nochmal langsam vorzusprechen.

»Nie im Leben«, sagte sie. »Was soll das sein? Was zum Essen?«

»Ach so«, sagte er, »du meinst einen Baba.«
»Na schön«, sagte sie.
Ihm waren die Augen ausgedörrt, er schloß sie und sah klarer denn je das Maultier vor sich, bis zu den Knien im Sumpf, und rittlings darauf einen Biber, der mit einem Holzschwert auf es einschlug.
Aber sie bewies nicht nur Tapferkeit, sondern auch Zartgefühl.
»Dein Ehrenpreis«, sagte sie, »den ich so gern haben wollte, wo ist er hingekommen?«
Er patschte sich auf den Rockaufschlag. O je! das Büschel war abgewelkt, sein Stengel hatte sich aus dem Schlitz gewunden, war zu Boden gefallen und zu Matsch zertreten worden.
»Wo's Nacht ist«, sagte er.
Sie fuhren weiter darauf zu.

# Der Liebesbrief der Smeraldina

BEL, BEL mein einzig Gliebter, allweil und auf ewig mein!! Dein Brief ist von Tränen aufgewaicht es bleibt nur Tot. Ich hatte schon davor bitterlich geweint, Tränen! Tränen! Tränen! und sonst nichts, da kahm Dein Brief mit neuen Tränen, ich las ihn tausendmal und mein Gesicht war von Tintenflecken übersäht. Die Tränen laufen mir die Backen herunter. Es ist ganz früh am Morgen, die Sonne steicht hinter den schwarzen Bäumen auf, aber das wird sich ändern, bald ist der Himmel blau und die Bäume goldbraun, aber eins ändert sich niemals, der Schmerz und diese Tränen. Ah! Bel, ich lieb Dich schrecklich, ich will Dich schrecklich, will Deinen Laib, den weichen weißen ganz ignudo nato! Mein Laib will Dich ganz schrecklich, meine Hände und Lippen und Brüste und alles andere an mir, es fällt mir oft sehr schwer mein Gelüpte einzuhalten, aber bis jetzt habe ich es nicht gebrochen und das wird auch so bleiben bis wir uns wiedersehen und ich Dich endlich haben kann, endlich die prediletta wieder bin. Was überwiecht: der Schmerz von Auseinandersein oder der Schmerz von Beieinandersein und über die Schönheit voneinander weinen? Es überwiecht sicher der zweite, sonst hätten wir die Hoffnung auf was anderes wie ewige Trübsaal längst begraben könn.
Gestern abend war ich in einem großartigen Film, vor allem kein Geschmuhse und Geküsse wie sonst immer, ich glaube mir hat noch nie ein Film so gut gefallen oder traurig gemacht wie dieser, Tempestà sull'Asia, wenn er nach Dublin kommt, mußt Du hingehen, der gleiche direttore wie Il cadavere resuscitato, er war wirklich anders wie andere Filme, nichts mit Liebe (was alle damit meinen), keine dummen Göhren, die herzige Gesichter machen, nur schwarze Seen und großartige paesaggi. Auf dem Heimweg war Neumond, er stant so großartig über den schwarzen Bäumen, daß ich weinen muste. Ich habe die Arme ausgebreitet und mir vorgestellt, wie Du an meinen Brüsten liegst und zu mir aufschaust wie damals in jenen Mondnächten, als wir unter den großen Kastanienbäumen wandlten und die Sterne durch die Zweige schienen.

Ich habe eine neue Freundin kennengelernt, sehr schön, pechschwarzes Haar und ganz bleich, sie spricht nur ägyptisch. Sie hat mir von dem Mann ihres Lebens erzählt, der ist z. Zt. in America und lebt ganz allein ganz weit weg von allem und muß noch drei Jahre dort bleiben und kann ihr nicht schreiben, weil es dort kein Postamt gibt und sie kriegt nur alle 4 Monate einen Brief, stell Dir vor, wenn wir nur alle 4 Monate einen Brief von einander bekämen, wie es uns inzwischen gienge, die Arme, sie tut mir so leid. Wir sind zu einem Tanztee gegangen, es war ziemlich langweilich, aber auch recht lustig, wie alle nur damit bescheff tigt sind, was sie anhaben, und die Männer alle 5 Minuten ihre Krawatten hochziehen. Auf dem Heimweg ist meine Stimmung auf einmal schrecklich traurig geworden und ich habe nichts mehr gesagt, natürlich haben sie alle auf mir rumgehackt, aber mich hat das eiskalt gelassen, und wie ich im Bus gesessen bin, habe ich Notizbuch und Bleistift genommen und 100mal hineingeschrieben: Gliebter gliebter gliebter Bel Bel Bel, ich habe mich glaubich no nie so nach dem Mann meines Lebens gesehnt, bei ihm zu sein, bei ihm zu sein. Ich will Dich so sehr in ogni senso, Dich und nur Dich allein. Wie ich aus dem Bus gestiegen bin, habe ich auf der Straße geschrien: delirio! delirio! frenesia! La Signora Grappoli hat mir Deinen Socken heruntergebracht, und da habe ich mehr als je zuvor weinen müsen. Ich glaube, ich schicke Dir ihn nicht zurück, ich lege ihn lieber in die Schublade zu Deinem lieben Brief. Ich habe auch einen Brief von einem andern Mann bekommen, er will daß ich mit ihm am Samstag tanzen gehe, ich glaube ich gehe auch mit. Ich weiß, mein Gliebter hat nichts dagegen, und so geht die Zeit schneller vorbei, er ist ziemlich blöd, aber er tanzt nicht schlecht und hat die richtige Größe für mich. Ein Flirt ist recht lustig, aber weiter darf nichts sein.

Ich habe auch den alten Mann mit der Pfeife wiedergetroffen, und er hat mir erzählt, er hätte seine Entlassung bekommen, und dann den Dicken, der die Schlüssel für den Durchgang

hat, und er sagte, Buon Giorno Signorina, aber ich habe es überhört.
Bald fange ich an die Stunden zu zählen, bis ich zum Bahnhof gehen kann und Du auf dem überfüllten Bahnsteig stehst, aber ich glaube nicht, daß ich mein graues Kostüm anziehen kann, wenn es dafür zu kalt ist, und dann muß ich Mammis Pelzmantel anziehen. Du bist aber doch am 23. auch bei mir, nicht wahr Bel, mein Bel mit den schönen Händen und Lippen und Augen und Gesicht und allem anderen an Dir, und jetzt auch noch mit den Dingern in Deinem armen Gesicht, aber das macht mir nichts. Zwei Wochen lang und nichts wie Quaal Schmerz und Trauer! Noch 14 Tage, ai! Ach Gott und die schlaflosen Nächte dazu!!! Wielang? Wielange noch?
Heute nacht habe ich sehr sonnerbar geträumt von Dir und mir in einem dunklen Wald, wir sind zusammen auf einem Weg gelegen, und Du warst auf einmal ein bambino und hast nicht mehr gewußt, was die Liebe ist, und ich wollte Dir sagen, daß ich Dich mehr als alles auf Erden liebe, aber Du hast mich nicht verstanden und nichts von mir wissen wollen, aber es war ja bloß ein Traum und hat also nichts zu sagen. Ich will gar nicht erst versuchen, Dir meine ganze Liebe zu Dir zu beschreiben, es geht ja doch nicht, soviel weiß ich sicher. Ist er der Mann, den ich immer wollte? Ja! Warum kommt er dann nicht dem Begehren nach nach dem ich mich seit einem halben Jahr verzehre? Ich denke oft darüber nach, was mich Dich so sehr lieben macht. Ich liebe Dich più di tutto nel mondo, più di tutto nel cielo, nella terra e ne nell'inferno. Ich danke Gott dafür, daß unsere Liebe so riesig ist. Ich denke oft darüber nach, wem ich dafür danken soll, daß es Dich gibt und daß wir uns begegnet sind, vielleicht sollte ich lieber nicht fragen, wer schuld an Deinem Dasein ist. Es läuft alles aufs Gleiche hinaus, und ich weiß nur das Eine, nämlich daß ICH DICH LIEBE UND ALLWEIL DEINE SMERALDINA BIN, und Das ist das Allerwichtigste in unserem Leben und DU LIEBST MICH AUCH UND BIST ALLWEIL MEIN BEL.

Margarita hackt auf dem Klavier herum und gibt keinen Frieden, ich höre jetzt lieber auf und lese in meinem Buch Il grande amore weiter, und dann kann ich mich vielleicht noch durch meine Scarlatti-Sonate durchwursteln, das ist das Einzige, was mir aus meiner Trübsaal heraushilft, ich spiele abends gern leise vor mich hin, das beruhigt mich so.

Bel! Bel! Bel! Dein Brief ist gerade angekommen! Auch wenn Du nicht mehr allweil und auf ewig mein bist!!! Ah! Dio, wie hast Du sowas jemals schreiben können, um Himmelswillen nein!!! Um Jesuswillen laß mich niemals mehr sowas hören! Ich vergrabe den Kopf in meinen Händen und und waiche Deinen Brief mit Tränen auf ... Bel! Bel! Wie kannst Du an mir zweifeln? Il salce funebre sarà la mia guirlanda ... (Giuseppe Verdis Otello) Dio Dio Dio um Gotteswillen schreib mir soffort, was ich verbrochen habe. Ist Dir alles gleich geworden? Sicher willst Du Dich nicht weiter abgeben mit einer Geiß wie mir. Wenn ich nicht weiterschreibe, kannst Du den Brief nicht lesen, so voll ist er von Tränen. Bel! Bel! Meine Liebe ist so riesig, wenn mir ein neuer Bekannter den Hof macht, fange ich am ganzen Laib an zu zittern. Ich weiß doch meine Lebenszwecke, Dein voriger Brief liegt auf meiner Brust, wenn ich erwache und es geht die Sonne auf. Non ti vedo più con tante lagrime che piango! Mein Gott! Mein treuer Schoßhund! Mein bambino!

Ich brauche eine neue Feder, die alte ist hinüber, ich kann damit nicht weiterschreiben, habe sie in der Standa gekauft, da kannst Du Dir denken, wieviel sie taugt.

Mammi wollte mit mir heute nachmittag spazierengehen, aber ich hasse die Herumlauferei, es wird mir leid, immer nur so einen Fuß vor den anderen. Weißt Du noch letzten Sommer (natürlich weiß ers noch), wie schön wir dagelegen sind und die Bienen haben gesummt und die Vögel haben gesungen, und wie dann der große Schmetterling vorbeigeflogen ist, so großartig hat er ausgesehen, dunkelbraun mit gelben Flecken, und hat so wunderschön ausgesehen in der Sonne, ich bin am ganzen Laib braungeworden und habe die Kälte nicht mehr gespürt. Jetzt hat der Regen angefangen und die Bäume sind so schwarz wie nie und der Himmel allweil grau außer frühmorgens, und sogar dann sind nur rote Flecken zwischen den schwarzen Wolken.

Meine Kopfhaare sind neulich gewaschen, und ich habe ein bißchen mehr energia als sonst, bin aber trotzdem recht esaurita. Versprich mir, daß Du Dich nicht übernimmst und laß möglichst das Trinken sein, ich meine soviel, daß Du davon speien mußt.

Wir sind heute abend mit dem Bus heimgefahren, aber nicht mehr auf den kleinen Feldwegen durch die Äcker, weil die Landstraße wieder gerichtet war. Mammi erkundigt sich allweil nach Dir. Sie sagt, die Zeit fliegt nur so dahin, Weihnachten steht vor der Tür, und sie sagt, sie hofft, daß Vertunno recht oft die Wolken ausschüttelt. Zu Pappi habe ich sie hören sagen, warum gehen mir Ivy und Bill so auf die Nerven, wenn sie miteinander sind, und Smerry und Bel überhaupt nicht. Sie meinte, wenn wir einander auf dem Schoß sitzen und so, ich glaube das kommt davon, daß die Liebe zwischen Ivy und Bill nicht echt ist, es ist irgendwie immer etwas Affigdiertes dabei.

Mein altes Gestell macht mich außerdem wahnsinnig, weil ich auch so ein verdammtes Ding am Bein bekommen habe und kaum laufen kann, keine Ahnung, was es ist und woher, aber es geht nicht weg und ist voller Eiter, also zum Teufel damit.

Heute ist ein Tag, an dem ich klarer sehe denn je und ich sicher bin, daß schließlich alles gut wird.

Verrà il giorno e la silente
NOTTE!!!

Ich weiß zwar nicht genau quando, aber wenn ich daran nicht glaubte, das wäre der Zusammenbruch im Todeskrampf, diese furchtbaren langen dunkeln Nächte und kein anderer Trost als Dein Bild vor Augen. Mir gefällt die kleine weiße Porzellanfi-

gur so gut, ich verzehre mich nach dem Tag, wo wir zwei auch so dastehen können ohne Angst, daß jemand draußen steht und jeden Augenblick hereinkommt.
Guai-in-culo hat geheiratet und ist mit seiner Frau in die Schweiz gezogen.
Du schreibst, ich soll Dir was auftragen. Aber habe ich Dir nicht schon was groß Genuges aufgetragt? Ich möchte unbedingt die ›Sache‹ lesen, die Du über meine ›Reize‹ (wie Du sie nennst) geschrieben hast, aber ich verstehe nicht (ohne nach einem Kompliment zu fischen), was es darüber zu schreiben gibt außer dem üblichen Männermist über die Frauen.
Bel mein Lieb ich muß aufhören. Mein Bett fühlt sich einsam ohne mich, und Dein Foto will endlich geküßt werden, also muß ich ihnen jetzt wohl ihren Willen tun. Bald ist alles vorbei, und Du bist bei mir und fühlst wieder diesen wunderbaren Schmerz wie damals in den dunklen Bergen und dem großen schwarzen See tief unter uns und straifst durchs Land voller Schlüsselblumen und gelsomino und hälst endlich wieder in den Armen

ewig die Deine traurige und gliebte
SMERALDINA

P.S. Ein Tag näher an der verschwiegenen Nacht!!!

Bammel

Schlag fünf kam die Nachtschwester hereingeplatzt und machte Licht. Belacqua erwachte bestens ausgeruht und brannte darauf, es mit dem neuen Tag aufzunehmen. Noch als junger Spund hatte er in der Tess von Thomas Hardy, die er seinen Schummelkünsten vor dem Kollegium verdankte, die Stelle unterstrichen: Wenn Kummer das Grübeln aufgibt, macht Schlaf sich die Gelegenheit zunutze. Jahrelang bastelte er nun schon an dem Satz herum, tauschte je nach Veranlassung seine Begriffe aus, etwa Kummer durch Freude, ja er mutete ihm sogar die Strapazen gewisser Nutzanwendungen zu, für die er wohl kaum vorgesehen war, aber der hatte das alles wakker ausgehalten. Beim Erwachen fand er ihn im Geiste vor, als hätte er die ganze Schlafenszeit dort ausgeharrt, um die brüchige Festung gegen die Träume zu behaupten.
Die Schwester brachte eine Kanne Tee und ein Glas Glaubersalz auf einem Tablett herein.
»Fi donc!« rief Belacqua.
Aber das abgebrühte Ding überhörte das geflissentlich.
»Wann bin ich an der Reihe?« fragte er.
»Sie sind um zwölf Uhr dran«, sagte sie.
Dran ...!
Sie verzog sich.
Er trank das Glaubersalz und die zwei Tassen Tee, außerdem konnte ihn die ganze Bande mal. Und war dann, wie sich versteht, hellwach, der Ärmste. Doch was scherte das den kecken Belacqua? Er knipste die Lampe aus, legte sich zurück auf seinen Rücken in dieser schwärzesten aller Stunden, und rauchte.
Wie gut er sie auch immer meisterte, seine Lage war fürchterlich. Punkt zwölf wurde er – ritsch! – mit einem Skalpell aufgeschlitzt. Ebendiesen Gedanken zu erwägen, dazu war sein Geist augenblicklich nicht in der geeigneten Verfassung. Hatte diese hunnenhafte Idee in seiner kleinen und noch ungewappneten Psyche erst einmal Fuß gefaßt, in der es nach der gestrigen Angstorgie, gefolgt von einer Nacht im Tiefschlaf, noch

drüber und drunter ging, dann war das ihr Untergang. Der Psyche, nicht der Idee, also genau das Gegenteil des Wünschbaren. Um seine eigene Person, das muß man ihm lassen, ging es ihm dabei nicht. Seinetwegen konnte sein Geist ruhig einkrachen, er hatte den alten Hallodri ohnehin satt. Aber dummerweise mußte sich das dann auch in seinem Verhalten äußern, sodaß er schrie und strampelte, kratzte und biß, wenn sie ihn holen kamen, um Gnadenfrist für die Hinrichtung flehte, am Ende noch ins Bett näßte – und in welchem Licht stand seine verblichene Familie dann da? Die ehrwürdige Sippe mit ihrem fabelhaften Hugenottenschneid, einen solchen Tort durfte er ihr nicht antun. (Um von seinem verständlichen Wunsch zu schweigen, mit möglichst wenig Trara verarztet zu werden.)

In der Narkose, sinnierte er, werde ich ausgepichte Martern erleiden, und doch später davon nichts mehr wissen.

Er knirschte die Zigarette aus und machte die Lampe an, weniger, um im Licht einen Kumpan zu suchen, als um den Tagesanbruch noch hinauszuzögern, bis er sich wieder besser in der Hand hatte. Den Tagesanbruch, der an eine häßliche Geburt gemahnte, ertrug er nicht. Von Grund auf und bis in alle seine Fibern fand er ihn unerträglich, den Anblick dieser unerbittlich pünktlichen und nahezu, meinte er bisweilen, überflüssigen Entbindung. Das war, wie er wohl wußte, die reine Narretei. Er gab sich große Mühe, die Schwäche loszuwerden, sie durch Angstbilder oder Gelächter zu verjagen, jedoch erfolglos. Bis ihn dann Müdigkeit ergriff und er sich sagte: Was ich bin, bin ich. Darin mündeten schließlich all seine Anstrengungen und Grübeleien: Was ich bin, bin ich. Er hatte den Satz irgendwo gelesen, ihn liebgewonnen und sich angeeignet.

Gott wenigstens zeigte Güte, wie meistens, wenn wir Ihn recht zu nehmen wissen, insofern, als sechs Stunden ihn (Belacqua) von der Tortur noch trennten; sechs Stunden Gnadenfrist, um seinem Geist nachzuhelfen, wie das hübsche Flittchen dem Gesicht, bevor es sich dem Feind stellt. Daß er die Keule ins Genick bekam, die Qualen der Verdammung litt unter dem äußeren Anschein friedlichen Kindesschlummers, blieb bedeutungslos, so wahr im Hoffen Rettung liegt, solange er den Gedanken daran im Geist bemeistern konnte. Seine Aufgabe, die er mit bezeichnender Trägheit bis zum letzten Augenblick vor sich hergeschoben hatte, lag darin, dem Andenken an all die kleinen Liebesdienste, die er bis zum Tagesausgang noch über sich ergehen lassen mußte, in seinem Geist ein heißblütiges Willkommen zu bescheren. Dann konnte er gute Miene dazu machen. Andernfalls nicht. Andernfalls biß, kratzte er usw., wenn sie ihn holen kamen. Um die gute Miene ging es jetzt ganz allein, den kühnen Ausdruck des Was kümmerts mich. (Von seinem begreiflichen Drang einmal abgesehen, mit möglichst wenig Gedöns geheilt zu werden.) Über sich selbst in diesem Punkt nachzudenken, in welches Licht die bevorstehende Tortur sein unwiederholbares Selbst wohl tauchte, damit hielt er sich nicht auf, denn er hatte den alten Hallodri wahrhaft über. Nein, seine ganze Sorge galt den andern, dem Liftboy, den Schwestern und den Helferinnen, dem Hausarzt, wenn er ihn niedermachen kam, der chirurgischen Kapazität, dem Faktotum, das den Boden wischte und die Schnipsel in den Ofen warf, und allen Freunden der verblichenen Familie, die ja am Ende doch die ganze Wahrheit ausgeschnüffelt hatten. Er selber zählte nicht, war, was er war. Aber die Außenstehenden, der Hugenottenschneid, mit ihrem Drum und Dran, das alles mußte in Betracht gezogen werden.

Über ihm keuchte sich ein Asthmatiker die Seele aus dem Leib. Helf dir Gott, dachte Belacqua, du machst mir das Leben leichter. Aber wann schlief das Unglückswesen eigentlich? Untertags, den endlosen Tag hindurch, und alle seine Unbill. Punkt zwölf war er davon geläutert oder, besser noch, am Einnicken. Bis dahin keuchte er, wie Crusoe, als er mühsam seine Habe ins Trockene zog, zu künftiger Behaglichkeit.

Belacqua machte seinen Arm lang und knipste die Lampe aus.

Sie warf Schatten. Die Augen schließen wollte er, und so das Morgengrauen übertölpeln. Augen, was waren das? Des Geistes Hinterpförtchen. Weit sicherer verschlossen.
Wenn er doch nur aus gutem Hause wäre, oder wenn schon nicht, ein Mensch mit Mut. Blaublütig oder Kampfhahn. Oder auch nur so sehr aus dem Geiste lebte, wie er sich brüstete. Dann bräuchte er sich zu nichts mühsam aufzurappeln. Dann ginge es bloß darum, es sich im fremden Bett bequem zu machen, den Schlaf zu suchen oder ein Buch zu lesen und ruhig das Angelusläuten abzuwarten. Aber er war eine träge bürgerliche Memme, zwar sehr begabt in mancher Hinsicht, nicht jedoch für ein Eigenleben im erfreulichsten und besten Sinn, dem Sinn, mit dem er prahlte, wenn er von seinem wohlbestellten Geist sprach, und wie sehr er daraus lebte, der aber, wenns drauf ankam, doch nur das letzte Loch war. Doch diesen Schluß stellte er lieber noch hintan, er hielt es für klüger, sich sogleich da unten einzurichten, bevor die Welt ihn mit einem Fußtritt hinabbeförderte zu einem Zeitpunkt, da er vielleicht allmählich sich in ihr heimisch fühlte. In dieser Hinsicht konnte er seinem Herzen so wenig folgen, wie sich ihm ganz verschließen. Also blieb ihm jetzt nichts anderes übrig, als, auf dem Rücken ausgestreckt, seine Begabungen zu nutzen. Außer natürlich es lag ihm mehr daran, die Freunde seiner verblichenen Familie zu verstören (ganz zu schweigen von der Gefährdung seiner Kur, für die die Freunde seiner verblichenen Familie ja schließlich blechten). Doch dafür war sein kleinkrämerisches Ehrgefühl zu stark. Bevor er das zuließ, harrte er lieber noch bei seiner Psyche aus, brachte er die kleine Psyche lieber nochmal auf Hochtouren für die Bewährungsprobe.
Armer Belacqua, der Morgen wird ihm offenbar recht lang und anstrengend über diesen Rüstungen zum Streit. Aber später kann er dann für Ausgleich sorgen, später steht ihm eine schöne Zeit bevor, wenn die Ärzte ein neues Kapitel seiner Lebensunlust aufgeschlagen haben.
Zu welcher Taktik er in dieser Krise griff?

Weniger in die Ecke gedrängt, hätte er sich wohl damit begnügt, in seinem Geist gegen den Gedanken eine Barrikade zu errichten. Aber dieses Vorgehen war bestenfalls schludrig zu nennen, da der Gedanke, wiewohl in der offenkundigsten feindlichen Absicht und trotz schärfster Überwachung, früher oder später fast unfehlbar im Schafspelz eines Freundes sich einschlich, und dann war er geliefert. Trotzdem hätte er sich im normalen Lauf der Widrigkeiten sicher seiner eingefleischten Indolenz gebeugt und diesen Weg eingeschlagen, er hätte sich damit begnügt, an anderes zu denken und aufs beste zu hoffen. Aber dies war kein Allerweltsproblem, diesmal gings um die Wurst, bei dieser traurigen Bewährungsprobe kam Halbherzigkeit nicht in Frage.

Sein Plan ging also dahin, dem Gedanken nicht einfach den Zugang zu verwehren, sondern ihn so lang in Schach zu halten, bis sein Geist gerüstet war, ihn in sich aufzunehmen. Dann Einlaß und Zermalmung. Verhackstücken den Hundsfott. Er knirschte mit den Zähnen in seinem Bett. Zerschreddern das Scheißgebein, es zerfetzen wie ein Hohepriester. So weit, so gut. Aber womit? Belacqua zermarterte sich das Hirn nach einer sicheren Vertilgungswaffe.

An diesem springenden Punkt kam ihm der liebe Gott mit einem Satz aus dem Paradox von Donne zuhilfe: Ich zweifle nicht, daß man unter unseren Weisen viele fände, die lachten, wenn sie Heraklit weinen sähen, doch keiner weinte, sähe er Demokrit lachen. Das war ganz eindeutig ein Fingerzeig von oben. Nicht der Satz als Meinungsäußerung, sondern in seinen Grundbegriffen, den Fluchtpunkten an Weisheit, die er Belacqua lieferte. Zwar hatte er für dergleichen Schwarzweiß-Alternativen in der Regel wenig übrig. Ja, er ließ sich sogar zu einem kleinen Paradox im Eigenbau hinreißen, des Inhalts, daß zwischen Gegensätzen ein Überwechseln gar nicht möglich ist. Aber war dies für Haarspaltereien der rechte Augenblick? Belacqua griff begierig nach der Hauptsache. Gelächter oder Tränen also? Zum Schluß lief das zwar aufs nämliche hinaus, aber was von beiden jetzt? Auf die vereinte Wonne beider hinzusteuern, dazu war es zu spät. Noch einen Augenblick, dann lud er seinen Geist auf mit der einen oder andern Strahlenart, der, wenn man so will, infraroten oder ultravioletten, und stand so bereit zur Durchbohrung seines Widersachers.

Also wirklich, dachte sich Belacqua, an einen tristeren Morgen kann ich mich meiner Lebtage nicht erinnern; aber was sein muß, muß sein, ein wahres Wort, auf Teufel komm raus.

An dieser Wegegabel seiner Wahngedanken, von der alles abhing, ertappte sich Belacqua bei einem raschen Augenblinzeln, einem regelrechten Zwinkeranfall, was seinen Geist mit kleinen Morgenrotfunken überschwemmte. Dies war absichtslos geschehen, doch er entdeckte, daß es ihm in einer sonderbaren Weise offenbar gut bekam, und so fuhr er damit fort, bis sein Schädelinneres sich allmählich wund anfühlte. Erst dann ließ er davon ab, um sich dem Dilemma neu zu widmen.

Wie an jedem heiklen Punkt der Unternehmung opferte er auch hier der Wünschbarkeit eines gewissen äußeren Eindrucks, nämlich fast schon des Wagehalses, die Rücksicht auf seine eigene Person und ihre Rechte. Er mußte sich verleugnen bis zur Selbstauslöschung und den unbekümmerten kleinen Soldaten mimen. Aus diesem übergeordneten Gesichtspunkt entschied er sich für Bim und Bom, für Grock, für Demokrit, oder welchen Namen man dafür auch wählen mag, und vertagte die düstere Gegenrolle auf einen weniger öffentlichen Anlaß. Darin lag gewissermaßen ein Verzicht, denn tränenselige Philosophen fand Belacqua unwiderstehlich, und zwar umso mehr, wenn sie sich, wie im Fall von Heraklit, ins Dunkel hüllten. Dann war er in seinem Element der Talmitränen, ja der wonnevollen in dem Glücksfall, daß sie auch noch ein Vorsokratiker von gestandener Reputation zum Fließen brachte. Wie oft hatte er nicht unter grauen Himmeln ausgerufen: »Eine Minute noch von diesem Anblick, und ich widme den Rest meiner Erdentage dem Heraklit von Ephesus, der delische Taucher will ich sein, der nach dem dritten oder vierten Wasserbad auf ewig drunten bleibt!«

Aber ein Tränenausbruch in dieser Knochenkammer war verfehlt. Die gesamte Belegschaft, vom Liftboy bis zur Oberschwester, schriebe dann zu Unrecht sein Geflenne, oder besser, sein tragisches Gehabe, nicht der Narretei des menschlichen Geschlechts im allgemeinen zu, und somit selbstverständlich auch sich selbst, sondern dem Geschwür von der Größe eines Napfkuchens in seinem Nacken. Die Verwechslung war höchst begreiflich, und Belacqua machte ihnen daraus keinen Vorwurf. Kein lebendiges Wesen traf irgendeine Schuld in diesem Punkt. Doch hätte es sich bald herumgesprochen, daß Belacqua, statt feixend zu leiden, auf die Tränendrüsen gedrückt hatte, oder doch kurz davorgestanden hatte. Und dann war er entehrt, ebenso wie, per extensionem, seine verblichene Familie.

Sein Kurs stand also fest. Zuerst wappnete er seinen Geist an jeder Scharte mit Gelächter, vielleicht nicht ganz das rechte Wort, doch es muß hier genügen, dann ließ er den Gedanken ein und schlug ihn zu Brei. Schmierspuren, als hätte er Schwarzbeeren verschlungen, von Belustigung, aber das war auch nicht ganz das Wort, sollten an seinen Lippen kleben, wenn er forsch und festina lente in die Folterkammer trat. Dann war er für seine Standhaftigkeit des allgemeinen Lobes sicher.

Wie er vorging, den Plan in die Tat umzusetzen?

Das hat er vergessen, er braucht ihn ja nicht mehr.

Die Nachtschwester überfiel ihn um sieben mit noch einer Tasse Tee und zwei Kanten Toast.

»Sonst gibts nichts mehr«, sagte sie.

Die unverschämte Schlampe! Belacqua war nah daran, ihr Beine zu machen.

»Hat sich das Glaubersalz gemeldet?« sagte sie.

Der Kranke nahm sie in Augenschein, wie sie bei ihm Temperatur und Puls maß. Eine dralle kleine Nudel.

»Es hat mir was geflüstert«, sagte er.

Als sie draußen war, dachte er, sowas kastanienbraunes Hübsches, fast tadellos, und tipptopp kam sie daher, dabei war sie die ganze Nacht auf Trab gewesen und hatte sich von jeder blöden alten Vettel schikanieren lassen müssen, wenn der ihr Buch entfallen war oder sie nicht schlafen konnte bei diesem ewigen Krach von der Merrion Row herauf. Was zum Teufel zählte alles übrige!

Ein blasses Saumband im Osten über dem Flurbereinigungsamt. Der Tag ließ sich gut an.

Die Nachtschwester kam das Tablett holen. Das war, wenn er recht zählte, ihr dritter Auftritt. Jetzt wurde sie bald abgelöst, aß dann ihr Abendessen und legte sich zu Bett. Und doch kein Schlaf. Dafür war es im Haus inzwischen viel zu laut und hell, ihr Bett ein Eiskasten. Sie konnte sich an diesen Nachtdienst nicht gewöhnen, beim besten Willen nicht. Sie fiel vom Fleisch, und ihre Bäckchen wurden hohl. Und die Verabredungen mit ihrem Verlobten klappten auch nie richtig. Ein Hundeleben!

»Bis später dann«, sagte sie.

Dem war schwer zu widersprechen. Belacqua grapschte wie wild nach einer Antwort, die ihr gefiel und ihm nicht Unrecht tat. Au plaisir war zwar das rechte Wort, aber die falsche Sprache. Er entschied sich schließlich für Wahrscheinlich schon, was er ihr, als sie bereits halb zur Tür hinaus war, halbherzig nachwarf. Da hätte er besser die Sache auf sich beruhen lassen und den Mund gehalten.

Er schalt sich lange aus für seine Dämlichkeit, und viel kostbare Zeit ging so verloren, da flog die Türe auf, und die Tagesschwester kam mit gestärkter Schürze knatternd hereingerauscht. Bis zum Abend stand er jetzt unter ihrer Fuchtel. Um ein Haar wäre sie schön gewesen, die Presbyterin aus Aberdeen. Ja, Aberdeen!

Nach etwas Small talk, wie oben schon gehabt, bemerkte Belacqua beiläufig, als wäre ihm die Frage, die ihn doch nun schon ein hübsches Weilchen quälte, gerade erst gekommen:

»Ach Schwester das WC wäre vielleicht nicht schlecht zu wissen wo.«

Genauso in einem Schwall, ohne Punkt und Komma.

Als sie mit ihrer Erklärung schließlich fertig war, wußte er so ungefähr wohin. Aber in seiner Dummheit entschied er sich dann doch dafür, mit seiner unbehaglichen Last im Bett zu bleiben, unter dem Vorwand, es sei schicklicher, auf eine Mitteilung so delikater Art seinem Bedürfnis nicht unverzüglich freien Lauf zu lassen. Um dem so entstandenen Schweigen Leben einzuhauchen, fragte er Miranda, wann er dran sei.

»Das hat Ihnen die Nachtschwester doch schon gesagt«, fuhr sie ihn an.

Die Nachtschwester hatte demnach gepfiffen. Das falsche Herzchen!

Er stand auf und machte sich auf den Weg. Miranda überließ er es, das Bett zu richten. Als er zurückkam, war sie fort. Er legte sich in das gemachte Nest.

Die Sonne, das alte Gewohnheitstier, schien jetzt durchs Fenster.

Eine kleine Zinderella, zähnebleckend und adrett, tänzelte mit Feuerholz und Kohlen herein.

»Morgen«, sagte sie.

»Ja«, sagte Belacqua. Aber er hatte sich sogleich wieder gefangen. »So ein herrliches Zimmer«, rief er, »ganz voller Morgensonne.«

Mehr war nicht nötig. Zinderella wußte, wen sie vor sich hatte.

»Ja, sakrisch herrlich«, sagte sie bitter, »mitten auf mein Feuer drauf.«

So konnte man die Sache freilich auch sehen.

»Der Alte vor Ihnen«, sagte sie, »und wenn der noch so fest geschnarcht hat, das Rollo hat er nicht runterlassen.«

Irgendein alter Knacker hatte sich quergelegt, so viel stand fest.

»Nicht ums Verrecken«, sagte sie, »und also was mach ich?«

Sie schraubte sich von dem halbaufgeschichteten Feuer in der Hocke zu ihm herum.
»Was denn?« sagte er.
Mit einem Glucksen wandte sie sich wieder ihrer Arbeit zu.
»Ich klemm das Ding am Stuhl fest«, sagte sie, »mit seinem Hemd über der Lehne.«
»Hoho«, rief Belacqua.
»Damit er mir nicht aufsteht«, frohlockte sie, »kapiert?« Sie lachte vergnügt beim Gedanken an den kleinen Winkelzug. »Da hat sichs ausgeschienen, aber sauber«, sagte sie.
Sie redete und redete, und der arme Belacqua, der noch immer mit sich im Geiste rang, mußte wohl oder übel mithalten. Irgendwie hatte er dann doch einen sehr günstigen Eindruck bei ihr geschunden.
»Also«, sagte sie schließlich in einem unbeschreiblichen Singsang, »Wiedersehn. Bis nachher.«
»Genau«, sagte Belacqua.
Zinderella wollte Kraule-Paule heiraten, seit Jahren schon. Mittlerweile machte sie ihm die Hölle heiß.
Bald prasselte das Feuer den Kamin hinauf, und Belacqua konnte seiner Verlockung nicht widerstehen. Er stand auf und setzte sich davor, nur in seinen dünnen, blauen 100000-Chemises-Pyjama gekleidet.
Das Husten über ihm hatte seit dem vorigen Mal stark nachgelassen. Der Mann legte sich allmählich zur Ruhe, dazu brauchte es keinen Sherlock Holmes. Aber an der guten alten gelblich-grünen Bammelwand bedrängte ihn von links eine Säule in kräftigerer Farbe und zog als Statthalterin der Sonne in gemächlichem Dextrorsum ihren Kreis. Dieses Zeitgetröpfel, dachte Belacqua, als ränne es in einen Kübel, die Welt braucht einen neuen Dichtungsring. Gleich wollte er das Rollo herunterziehen, nein, beide.
Aber daran hinderte ihn der Eintritt der Oberin mit dem Morgenblatt, und zwar dadurch, wenns beliebt, daß sie seinen Geist in andere Bahnen lenkte. Die Oberin zu beschreiben ist

unmöglich. Sie war in Ordnung. Ihre Art, sich durch die Gegend zu werfen, machte ihn nervös.
»Herrlicher Morgen«, haspelte er hervor, »so ein herrliches Zimmer ganz voller Morgensonne.«
Die Oberin verduftete, es gibt kein anderes Wort dafür. Die Frau war da, und im nächsten Moment weg. Bemerkenswert.
Die OP-Schwester kam herein. Wie viele Frauen es hier doch gab! Sie war ein großes rohes Rumpsteak von Weib, vergleichbar mit der Hollandkäse-Antje. Sie nahm seinen Nacken kurz in Augenschein.
»Pah!« spottete sie. »Nicht der Rede wert.«
»Von wegen«, sagte Belacqua.
»Wenn das alles ist –?«
Belacqua konnte sich für ihren Ton nur schwer erwärmen.
»Und ein Zeh«, sagte er, »muß ab, oder vielmehr ein Teil davon.«
»Oben und unten«, wieherte sie.
Das ließ sich nicht bestreiten. Aber er hatte seine Lektion gelernt. Schwamm drüber.
Die Frau gewann bei näherer Bekanntschaft. Sie hatte eine derbe Schale, aber ein überaus sanftes Wesen. Allen nicht ganz aussichtslosen Kandidaten brachte sie das Bandagenwickeln bei. Das ordentlich zu bewerkstelligen mit der aberwitzigen kleinen Kurbel, die sie einem dazu in die Hand drückte, war gar nicht einfach. Die Rolle mißriet meist zur Spindel. Kannte man aber erst die Launen des Apparats, so konnte man ihm jene festen, schlanken Walzen und vollendeten Zylinder entlocken, die ihr Herz erfreuten. Alle willfährigen Sklaven, die sie unter Aufsicht hatte, wurden von ihr einzeln mit Schmeicheleien bedacht. »So strenge, grade Bandagen habe ich noch nie erlebt«, sagte sie dann. Aber sobald sich die auf dieser Grundlage errichtete Freundschaft zu etwas – wie soll ich sagen? – Wesentlicherem entwickeln wollte, ging es dem Betreffenden prompt wieder gut genug, daß er nach Hause durfte. Ein bösartiges

Geschick verfolgte diese wunderbare Frau. Noch Jahre später, wenn die übrige Belegschaft schon längst vergessen war, tauchte sie in der Erinnerung auf. Sie kreuzte Belacqua fürs Bandagenwickeln an.

Miranda kam zurück, diesmal mit dem Verbandstablett. Den wollüstig nach vorn geschobenen Unterkiefer, die zusammengepreßten Lippen, beinahe eine bocca romana, wie hatte er die nur übersehen können? War das denn noch dieselbe Frau?

»Alsdann«, sagte sie.

Mit Bittersäure und Äther stach sie auf die Stelle ein. Es ging ihm über den Verstand, warum sie derart unnachsichtig mit seinem Buckelchen von Lüsternheit umsprang. Es war ja seines Wissens nicht etwa brandig. Wozu also die Strenge? Bloß weil es zum zufälligen Anlaß eines Kalauers werden konnte? Sonderbar. Noch nicht einmal rasiert hatten sie es. Es sprang unter dem Kurzhaar vor wie ein Kuckucksschnabel. Er hoffte sehr, daß ihm nichts Arges zustieß. Nein, es stutzen zu lassen, das konnte er sich nicht leisten, sein Buckelchen von Lüsternheit.

Als sich sein gesamter Nacken wie im Brautschmuck darbot (von einem obszönen Buttersäurefleck einmal abgesehen), von Binden derart zugezurrt, daß ihm die Augen aus den Höhlen traten, wandte sie ihre Fürsorge den Zehen zu. Sie schrubbte die ganze Orgelpfeife, oben wie unten. Plötzlich fing sie an zu kichern. Belacqua hätte ihr fast ein Auge ausgestoßen, so sehr war er davon getroffen. Wie kam sie dazu, in seinen Vorsatz einzubrechen! Er, der, um sich dem engstirnig lokalen Kitzel zu verweigern, mit den Zähnen der Unterlippe Herr zu werden suchte, sich die Nägel in die hohlen Hände bohrte, während sie, es gab kein anderes Wort, sich gehen ließ! Auch für Demokrit, so fand er, gab es Grenzen.

»Ein Longzeh«, gickste sie.

Gott im Himmel, das Weib war zweisprachig. Ein Longzeh! Belacqua schluckte seinen Zorn hinunter.

»Fürbald im Ehedem«, sagte er mit lauter Stimme. Was seine Erwiderung an Witz vermissen ließ, machte sie stilistisch wett.

Aber an der granitenen Meduse glitt das ab.
»Ein langer Fuß«, sagte er umgänglich, »ich weiß, oder eine lange Nase. Aber ein langer Zeh, worauf deutet der hin?«
Keine Antwort. War die Frau völlig schwachsinnig? Hörte sie ihn denn nicht? Schlenzte da mit ihrer Butterpisse um sich, um nur ja ihr Schäflein ins Trockene zu bringen ... Er mußte sie nochmal auf die Probe stellen.
»Ich meine«, röhrte er, »der von Ihnen so hochgeschätzte Zeh wird bald der Vergangenheit angehören.« Deutlicher konnte man nicht sein.
Ihre Stimme nach dem Gebrüll war kaum zu hören. Sie sagte folgendes:
»Ja«, das Wort erstarb und wurde wiederholt –, »ja, der Arme hat bald ausgelitten.«
Belacqua brach vollständig zusammen, er konnte sich nicht helfen. Diese verhauchende Stimme, wie ein Englischhorn vom Abend hergeweht, und dann der *Zeh* der Arme – das war zuviel. Er vergrub das Gesicht in den Händen, gleichgültig, wer ihn so sitzen sah.
»Ich hätte gern«, schluchzte er, »daß ihn die Katze kriegt, wenns recht ist.«
Sie kam und kam mit ihrer Binde an kein Ende, sie konnte nicht kürzer als eine Viertelmeile sein. Aber man durfte freilich auch nichts dem Zufall überlassen, soviel sah er ein. Wenngleich ihre Länge unverhältnismäßig sogar zu der seiner Zehe schien. Zuletzt band sie das Ganze an seiner Wade fest. Dann räumte sie ihr Tablett zusammen und verließ ihn. Manche Leute gehen, andere verlassen einen. Belacqua kam sich vor wie derjenige der zwei Eheleute, der in der bewußten Nacht vom Bett verstoßen wird. Er vermeinte Miranda aus irgendeinem Grund gegen sich aufgebracht zu haben. War dies schon das Trostpflaster fürs wunde Schaf? Miranda, an der doch soviel hing? Merde.
Lister war an allem schuld. Diese ewig glücklichen Scheißviktorianer!
Sein Herz machte einen Satz in seiner Box, ihn durchzuckte das

Gefühl von einer Fehlentscheidung: Zorn hätte ihm besser beigestanden als die andere Regung, Lachen erschien ihm schwächlich und klang wie ein Gewimmer aus. Aber bei näherer Betrachtung, nein, Zorn wich gewiß zurück, wenn es dazu kam, daß man ihn wie ein Schaf verarztete. Außerdem war es zur Umkehr ohnehin zu spät. Er probierte vorsichtig, wie sich eine Beherbergung des Gedankens wohl anließ ... Nichts geschah. Er hatte den Unhold also doch erdolcht, so viel immerhin.

Daraufhin ging er hinunter aufs Kloo und erlebte eine wahrhaft militärische Abführung, heeresdienstkorpswürdig. Auf dem Rückweg zweifelte er nicht mehr an einem guten Ausgang. Vor der Schwesternstube pfiff er sich eins. Als er eintrat, war nichts mehr von seinem Zimmer übrig, außer Miranda, kinnbetonter denn je zuvor, die eine Spritze aufzog. Er versuchte, die Sache scherzhaft anzugehen.

»Was jetzt?« sagte er.

Noch ehe er merkte, was geschehen war, hatte sie die Waffe in seinen Hintern abgefeuert. Kein Schrei entfloh ihm.

»Haben Sie gehört?« sagte er. »Es ist mein Recht, darauf bestehe ich, zu wissen, was das soll, den Zweck dieser Spritze, hören Sie!«

»Die kriegt ein jeder«, sagte sie, »vor seinem Auftritt im OP-Saal.«

Seinem Auftritt! Hatten die sich zu seinem Untergang verschworen, an Leib und Seele? Die Zunge klebte ihm am Gaumen. Sie hatten ihm die Sekrete ausgedörrt. Der Profession gebührte das erste Opferblut!

Die für seinen Auftritt vorgesehenen Socken waren die nächste kleine Einlage. Die Aufführung schien sich ja reichlich ernst zu nehmen. Zum Teufel mit euren Socken, dachte er, mir liegt an eurem Hirnkasten.

Dann ging es Schlag auf Schlag. Zuerst kam ihm ein Engel des Herrn mit einem Witz zu Hilfe, einem wirklich komischen, Belacqua lachte jedesmal Tränen darüber, von einem Pfarrer,

den man gebeten hatte, in einem Laientheater eine kleine Rolle zu übernehmen. Er brauchte sich darin lediglich ans Herz zu greifen, wenn der Revolver losging, zu rufen: »Bei Gott, jetzt bin ich tot!« und umzufallen. Der Pfarrer sagte, gewiß, herzlich gern, doch müsse er um Verständnis dafür bitten, daß ihm ›bei Gott‹ zu weit ging in einer so weltlichen Veranstaltung. Er wollte es mit freundlichem Einverständnis ersetzen durch ›Barmherzigkeit!‹ oder ›Ists möglich denn!‹ oder etwas in dieser Art. ›O je, jetzt bin ich tot!‹, wie wäre das?
Aber das Theater war so laienhaft, daß der Revolver tatsächlich losging und den Gottesmann durchbohrte.
»Oh«, rief er, »Ja ... Himmelherrgott! Jetzt BIN ich tot!«
Es war das reinste Glück, daß Belacqua den Hochmut der niedrigsten und lumpigsten protestantischen Niederkirche hatte und daher über den Schwachsinn lachen konnte. Gelächter! Und wie er lachte! Bis ihm die Tränen kamen.
Er stand auf und begann sich fein zu machen. Wenn er die Ohren spitzte, konnte er jetzt das Asthmaschnaufen hören. Der Tag war über den Berg, das sah der Dümmste. Ein kleiner versiegelter Karton auf dem Kaminsims fiel Belacqua ins Auge. Er las die Aufschrift: Fraisses Ferro-Ampullen zur Schockbehandlung von Anämie durch Muskeleinschuß. Eingetragenes Warenzeichen: Mozart. Der kleine Incantatore des Don Giovanni, in seiner kleinen Zelle auf ewig verlegt und unauffindbar, hier wurde er auch noch in die Blutarmut verstrickt. Wie lustig. Die Welt war heute tatsächlich groß in Form.
Noch zwei Frauen, sie nahmen gar kein Ende, die eine schon von gewissem Alter, die andere nicht, traten jetzt ein und rissen sich im Näherkommen die vorgeschriebenen Stulpen ab. Sie stürzten sich aufs Bett. Das Wachstuch für alle Fälle, das Schutzgestell ... Belacqua stapfte vor dem Feuer hin und her, seine Pyjamahosen staken wie bei einem Radfahrer in den ominösen Socken. Eine Zigarette noch, koste es, was es wolle. Erstaunlich, das kam ihm jetzt auf einmal, wie der gesamte Tageslauf der Anstalt, bis in die klitzekleinste Einzelheit und auf den

Mäusefurz genau, sich auf den einzigen Zweck ausrichtete, Leiden auf lange Sicht zu lindern. Man beachte, wie er hier auf jedes i sein Tüpfelchen setzt und jedes t kreuzigt, so gut er nur vermag. Jetzt waren die Trümpfe in seinem Blatt gefragt.
Verstohlen suchten sie in seinem grünlichen Gesicht nach Spuren von Unbehagen. Umsonst. Es war die reine Maske. Aber vielleicht bebte seine Stimme? Die eine, die über den Wechsel hinaus war, übernahm es, sich mürrisch zu beschweren:
»Schwester Beamish wird Ihnen nicht gerade um den Hals fallen, wenn Sie ihr die schönen Socken schmutzig machen.«
Schwester Beamish, und ihm nicht um den Hals fallen!
Die Stimme der Person war ein Wrack, doch wurde sie ein zweites Mal mißbraucht.
»Wollen Sie sich nicht auf die Matte stellen?«
Sein Entschluß war wie der Blitz gefaßt: Sich auf die Matte stellen wollte er. In diesem Punkt ließ er mit sich reden. Stellte er sich nämlich nicht darauf, dann war er in den Augen der beiden Frauen verloren.
»Für Schwester Beamish tu ich alles«, sagte er.
Miranda hatte heute morgen anscheinend viel zu tun. Sie trat nun zum vierten oder fünften Mal auf, genau hatte er nicht mitgezählt, mit der kompletten Schar ihrer schemenhaften Gehilfinnen. Das Zimmer schien von grauschraffierten Frauen erfüllt, wie im Traum.
»Falls Sie ein Gebiß tragen«, sagte sie, »können Sie es jetzt herausnehmen.«
Seine Stunde hatte geschlagen, dem mußte er ins Auge sehen.
Als er mit Miranda im Aufzug nach unten fuhr, spürte er seine Brille in der hohlen Hand. Ein glücklicher Zufall, wenn man so will, denn die Stille wurde unbehaglich.
»Kann ich die Ihnen anvertrauen?« sagte er.
Sie steckte sie sich in den Busen. Das himmlische Weib! Es fehlte nicht viel, daß er über sie herfiel!
»Bitte nicht rauchen«, sagte sie, »im OP-Saal.«
Der Chirurg wusch sich die unschätzbaren Hände, als Bel-

acqua breitbeinig durch das Vorzimmer stapfte. Wer reine Hände hat, der wird obsiegen. Den Chirurgen schnitt Belacqua. Aber der Hollandkäse-Antje warf er ein strahlendes Lächeln zu, das sie so schnell gewiß nicht mehr vergaß.

Er hüpfte auf den OP-Tisch wie ein Bräutigam. Der Hausarzt war in Hochform, er hatte grade den Brautführer gespielt, trug unter seiner Schürze noch den Sonntagsstaat. Er leierte seine Mahnungen herunter und klatschte Belacqua die Maske über.

»Fehlt Ihnen auch nichts?« sagte Belacqua.

Die Mischung war zu stark, gar keine Frage. Sein Herz ging mit ihm durch, furchtbare Angstschläge zuckten ihm grünlich durch den Schädel. »Einer der besten«, hörte er jemand sagen, doch bezog sich das nicht auf ihn. Der Ausdruck beruhigte ihn.

Der Brautführer fummelte an der Gaszufuhr.

Himmelherrgott! Gleich war er wirklich tot!

Denn ihn abzuhorchen hatten sie glatt verschwitzt.

# Spreu

Shuah, Belacqua, unerwartet, in einer Heilanstalt.

Für Mrs Shuah kam die Nachricht so unerwartet nicht, denn sie hatte sie selbst inseriert (per Telephon), und doch durchzuckte sie bei der Lektüre im Morgenblatt vom Tag danach eine leichte Überraschung, als wäre ihr von einem überlaufenen Hotel ein Telegramm ›Bestätigen Zimmerbuchung‹ ins Haus geflattert. Dann kamen ihr die Freundinnen in den Sinn, wie bald denen der unverhohlene Schmerz nur noch zur Würze ihrer Schinkensemmeln dienen, wie schon die ersten Worte ihrer Anteilnahme an dem Schicksalsschlag in der Tonart vom Haferbrei zu Erdbeermarmelade überwechseln würden, von Gezischel und Geschluchz zum ruhigen Erguß von Tagesklatsch, in einem Dutzend Wohnungen, die sie mühelos hätte aufzählen können; und der Gedanke setzte sich durch ihren ganzen Leibeshaushalt fort mit Auswirkungen, die alsbald auf ihrem Gesicht, einem Räderwerk der Trauer, zutage traten. Daraufhin schwanden ihr Gefühl wie Denken, und sie war nur noch ein träniger Matsch von Koenästhesie.

Die hier auftretende Mrs Shuah zeigt, soweit bis jetzt umrissen, wenig Ähnlichkeit mit Selma née Kkloo, noch ist sie es. Selma née Kkloo ging seinerzeit in Connemara an Sonnenuntergang und Honigmond zugrunde. Kurz darauf schienen auf einmal alle tot zu sein. Lucy selbstredend längst, Ruby fristgemäß, Winnie gegenüber jeder Anstandsregung, Alba Perdue als natürliche Folge einer Heimbegleitung. Belacqua sah sich um: Die Smeraldina war weit und breit noch das einzige Segel vor dem Wind. Im Handumdrehen hatte sie für ihn entschieden, indem sie ihn nicht nur liebte, sondern mit quasigorgoneskem Ungestüm derart begehrte, wie es der oben angeführte Brief erweist. Sie also und keine andere ist die Mrs Shuah, von der jetzt, nach noch nicht einem Jahr hautversengender Vertraulichkeit mit jener Kreuzung aus altem Weib und Ephebe, die er war, in der Zeitung steht, daß sie ihn zu überleben angefangen hatte.

Am Leib liegt wenig, aber in ihrem Fall stand es damit in etwa so: große, riesenhafte Brüste, dicker Steiß, Schenkel von Botticelli, X-Beine, Nilpferdfesseln, ein Wackelpudding, popputa und mammös, wabblig-schwabblig, blubblubblubb, das knöpfesprengende Leib-Weib, wie es im Buche steht. Dann gipfelfern dem Blick entzogen und dem Walfischkegel aufgesetzt, das lieblichste, kleinste, blasseste Vogelköpfchen, das man sich denken kann. Sie war wie die Lucrezia del Fede bleich und weich, eine bleiche, weiche sposa, mit einem Winterbalg wie eine sturmzerfetzte Takelung. Wurzel und Ursprung dieses athletischen, ästhetischen Vogelnasenklumpens verloren für Belacqua nie den Reiz, solange ihm nicht eigene katarrhtische Katarakte zur Verfügung standen, auf der Kuppe und dem Nagel seines Zeigefingers, mit dem er in der Höhlung bohrte, angelte und pickte, und zwar seit ebenso vielen Jahren schon, wie er in Ekstasen der Zerknirschung seine Brille putzte, oder das Gehampel und die modulierte Strangulierung oder Erdrosselung durch die Krähwinkelmusik eines Szopen oder Pichon oder Chopinek oder Chopinetto nunmehr erduldete, oder auf welchen Namen derjenige auch immer hörte, in dessen schnaubender Umarmung sie so sicher lag, wie er selbst Hans hieß und dabei sein ganzes Leben vor sich hin starb (danke, Mr Auber) an seiner Siechtumsgabe (danke, Mr Field) und seiner Appassionatabenpassata (danke, Mr Beckett) oder auch, wie er hinaufgestiegen war über, je nachdem, die Fulda, die Tolka, den Rupps oder die Wolga und sich dabei niemals träumen ließ, daß er dabei grundsätzlich und unfehlbar den lästerlichen Auswüchsen einer bestimmten Art von Sublimierung Vorschub leistete. Das kümmerliche nasse Oberlippenläppchen, das sich in einer stupsnasigen Biegung aufwarf, die fast schon als kobra- oder entenähnliches Hohnlächeln über die Nüstern zu deuten war, wurde zum Glück wettgemacht durch seinen wulstig-liederlichen Widerpart und den dazu passenden vorspringenden Unterkiefer – ein genialer Gegenzug. Der Schädel dieses Prachtweibs war keilförmig gebaut. Die Ohren glichen einer Muschel selbstverständlich, die Augen bohrten sich resedagetönt (seine Lieblingsfarbe) als Minen in ein taubes Hirn. Das

Haar zeigte das Schwarz des Kohlenpotts und wuchs so dicht und schläfentief, daß von der Stirn nur noch ein Oberlicht blieb (genau die Art von Stirn, die er am meisten liebte). Aber was liegt schon groß am Leib?
Sie stieg mit dem falschen Fuß aus dem Bett, aber welcher eigentlich der richtige war, hatte für sie noch niemals festgestanden, und ging in das Zimmer, in dem er aufgebahrt lag, unterm Kinn noch immer die in eine Serviette eingewickelte dicke Bibel. Sie stellte sich ans Fußende des Totenlagers in ihrem Chintzpyjama mit dem Lotusmuster, der so glasig glänzte wie die Augen, in die sie nicht mehr schauen konnte, und wagte nicht zu atmen. Dann faßte sie sich ein Herz und rührte mit dem Handrücken an seine Stirn. Sie war gar nicht ganz so eisig, wie sie gedacht hatte, aber das lag gewiß an ihrem peripheren Blutkreislauf, um den es übel stand. Sie ergriff seine Hände, die nicht, wie sie es lieber gesehen hätte, auf der Brust, sondern weiter unten gefaltet waren, und legte sie zurecht. Kaum hatte sie sich nach diesem Liebesdienst aufs gebeugte Knie geworfen, da fuhr sie unter einem Angstanfall schon wieder hoch: War etwas mit der Leiche nicht in Ordnung, hatte die denn die Totenstarre etwa übersprungen? Hoffentlich stimmte da auch alles. Um ihr Gebet gebracht, um einen letzten langen Blick auf das angewiderte Gesicht und seine verächtliche Rechtschaffenheit, die beide bald des Staubes waren, raffte sie sich auf, die Trauerkleider herzurichten, denn in Chintz mit Lotusmuster sich zu zeigen ging wohl nicht an. Schwarz stand ihr gut, seit jeher waren Schwarz und Grün schon ihre Farben gewesen. In ihrem Zimmer fand sie, was ihr vorschwebte, ein äthiopischer Überwurf, gespalten und geschlitzt mit laubfroschgrünen Einsätzen. Sie trug ihn zum Nähtisch im Halbring ihres Erkerfensters, sie setzte sich zitternd nieder, ihn umzuschneidern. Sie schwebte wie in einer Seifenblase hoch im Himmel, das Sonnenlicht flutete (durch den Vorhang) nur so herein, und ringsum nichts wie Blau. Bald war der Boden mit bunten Stoffschnipseln übersät,

es tat ihr in der Seele weh, sie herauszutrennen, so wunderhübsch sahen sie aus. Kein einzig Blümlein zart.

Im Tagesblatt ein Inserat
Mal wieviel macht den Trauerstaat?

Sie war so betrübt und versunken in die Arbeit, die Schluchzer reiften so rasch in ihrem Innern, um dann aufzuplatzen, daß ihr ein fetter, mausgrauer Unhold, der sich dem Hause näherte, und seine ohrenbetäubenden Bemühungen, den Kies nicht zu zerwühlen, ganz entgingen. Da war schon seine Karte. Mr Malacoda. In aller Ehrerbietung begehrte er zu messen. Ein Schluchzer vertrocknete, bevor er bersten konnte. Die Smeraldina wimmerte, sie könne beim besten Willen diesen Mr Malacoda nicht empfangen, nicht zulassen, daß der verblichene Herr gemessen werde. Die siechen Züge von Mary Ann mußten die gewohnten Beschimpfungen reichlich über sich ergehen lassen. In Krisenzeiten aber war sie ein dutzendmal der Herrin überlegen.
»Er hat selber ungefähr die Statur von dem verblichenen Herrn«, sagte sie.
Wie sie das gleich bemerkt hatte, also sowas!
»Dann sag ihm das«, klagte die Smeraldina, »und sorg dafür, daß er nicht patzt, und nicht heraufkommt und mich quält.«
Was lag schon groß an einem Zoll hin oder her? Hier brauchte man mit Aragonit oder Tuffstein nicht zu geizen. Der Sarg fraß ihn ja nicht auf.
Mary Ann setzte die Quälerei mit der Trauerbotschaft fort, Mr Malacoda renne schon nach oben mit einem Meßband in den schwarzen Klauen. Die Smeraldina sprang auf, griff nach der Schere und stürzte zur Tür. Aber der Gedanke an ihre Chintz-Umbrüstung ließ sie alsbald stocken. Schon wieder mal geleimt!
»Dann bring mir wenigstens Tee«, sagte sie.
Mary Ann ging hinaus.
»Und ein sehr weich gekochtes Ei«, rief die Smeraldina.

Ein kleines Gebinde, aus Calla, wie sich von selbst versteht, wurde in einer Schachtel abgegeben – anonym. Das wollte die Smeraldina gleich begraben. Sie machte sich auf die Suche nach dem Gärtner, einem trägen, scheuen Sabberich mit Tröpfelschnurrbart, und fand ihn stumpf und hoffnungslos ein Beet kränkelnder Buschnelken gießen. Seine Rose hatten sie ihm geraubt, und so mähte er mit hartem Wasserstrahl die Blumen nieder. Sie hetzte ihn ins Herz der ragenden Bergwelt, zwei Säcke mit Heidekraut zu sammeln. Dann könne er nach Hause gehen. Sie selbst riß einem Eukalyptusbaum die Zweige ab.
Der Pfarrer kam im niedrigsten Gang auf der Chaussee angetrudelt, fand seine ärgsten Befürchtungen durch einen Blick auf die Fenster bestätigt, ließ sein Edelstahlroß in Zorn und Trauer auf den Kies fallen und trat stracks ein.
»Ich habe noch keinen zerschellen sehen«, erklärte er mit Heftigkeit, »und ich sah viele.«
»Nein«, sagte die Smeraldina.
»Selbsttätiger Ablaß«, rief er, »aus der Hand des Allerhöchsten«, und schnippte mit den Fingern, »ein Klacks. Im Paradies wird Wiedersehn gefeiert.«
»Ja«, sagte die Smeraldina.
»Er wird kaum eingetreten sein«, er verschlang die Hände ineinander und sah nach oben (wieso nach oben?), »dort wo die Zeit nicht herrscht, und schon prallt er auf Sie.«
»Er hat alles, was er braucht«, sagte die Smeraldina, »da bin ich sicher.«
»Deshalb frohlocken Sie!« rief der Pfarrer.
Er trat die Pedale wie ein Weberschiffchen (aber erst, nachdem sie zu frohlocken fest gelobt hatte), um das Abendmahl, wovon er immer reichlich in der Satteltasche mit sich führte, ein paar Häuser weiter an einen betuchten alten Bock zu spenden, dessen Stündlein fast geschlagen hatte. Sechs fünfzig jede Spendung.
Capper Quin traf nun auf Schleichpneus ein, in einem Auto, das er ganz sein eigen nennen konnte. Er machte sich über die

Witwe her, dagegen kam er nun einmal nicht an. Sie war ein verständiges Ding in mancher Hinsicht und schämte sich nicht, in den Armen eines Mannes, der ihr endlich einmal an Gewicht nicht nachstand, ihrem Gram freien Lauf zu lassen. Sie ließen voneinander ab, die Rübe wurde der Schmierdose entzogen, und Affenpelz stand demütig vor ihr, ihrer Befehle harrend. Er hatte sehr gewonnen, der Umgang mit dem Zeitlichen hatte ihn viel gelehrt. Er sprach jetzt schon ganz ordentlich, mußte seine Satzperioden nicht schon nach zwei Worten entmutigt wieder fallenlassen.

Sie sah ihm zu, wie er das Auto vollud. Die Säcke blähten sich vor Farn und Heidekraut; die Eukalyptuszweige, Beiwerk, um der Feierlichkeit nachzuhelfen, wurden in einer alten Stalljacke verknotet, ein wundervoller Verbenenbusch desgleichen; ein Hohlkübel mit Moos; eine Tüte Eisenbügel. Nachdem alles sicher verstaut war, folgte Affenpelz ihr willig nach ins Haus und ging in Stellung, die Schenkel breit gespreizt, die Quadratlatschen auswärts gedreht, die feisten Tatzen appaumées, zwei baumelnde Klumpen prall vor Blutballast, mißratene Brüste den Blicken dargeboten. Selbst Irland kann sich mancher Tiere rühmen, die, als Unterarten längst anerkannt, von einigen Zoologen inzwischen bereits zu eigenen Gattungen erhoben worden sind. Er spürte, wie sein Gesicht dadurch gewann, daß Kummer auf seine Züge trat.

»Darf ich ihn mir anschauen?« flüsterte er, wie ein Landpfarrer, der sich in der Bibliothek des Trinity College ein Buch ausbittet.

Sie ließ sich die Treppe hinaufstemmen und ging in das Totenzimmer voran, als wäre es ihr eigenes. Ihre Wege trennten sich, die Leiche lag zwischen ihnen auf dem Bett, wie die Statthalterschlüssel zwischen den Nationen auf Velazquez' Speerträgern, wie die Wasser zwischen Buda und Pest, und so fort, die Wirklichkeit als Bindestrich.

»Sehr schön«, sagte Affenpelz.

»Sehr, das sag ich auch«, sagte die Smeraldina.

»Das sind sie immer«, sagte Affenpelz.
Gönne ihm eine Träne, verdammt, dachte sie, ich kann es nicht. Er aber übertraf sich selbst und schluckte gleich einen ganzen Eimer voll davon hinunter. Sein Gesicht gewann zusehends.
Am Fußende des Bettes trafen sie sich wieder, wie zwei zur Beweiserschleichung hingebogene Parallelen, und verharrten mit zusammengelegten Köpfen an dem neuen Standpunkt; dann empfand die Smeraldina das Absurde dieser Lage, sie löste sich, ging aus dem Zimmer und schloß die Tür hinter den Sterbenden und Toten.
Jetzt empfand es Affenpelz als seine Aufgabe, etwas zu empfinden.
»Du liegst ruhiger als Humus da«, sagte er innerlich, »du hältst den Eingeweiden dieser Erde eine verquere alte Ruhepredigt.«
Etwas Besseres brachte er zu der Zeit nicht zustande. Aber Eingeweide traf die Sache kaum. In denen hatte doch Königin Anne die Gicht geplagt.
Die Hände auf dem Brustkorb, das war nicht schicklich, verblichener und aus dem Turnier des guten Anstands entlassener Kreuzfahrer! Affenpelz griff mit endlos langen Armen zu und zerrte an den Marmorgliedern. Zwei Hauptwörter und zwei Adjektive. Sie waren zu nichts zu bewegen. Wie dumm von ihm.
»Das läßt sich nicht mehr ändern«, sagte er.
Belacqua hatte sich oft auf ein Wiedersehen gefreut mit all den Hübschen, sonderlich mit Lucy, geheiligt und verklärt, wenn der Schleier fiel. Umsonst die Hoffnung! Der Tod hatte ihn von diesem unbedachten Wahn geheilt.
Affenpelz drängte es zur Smeraldina zurück, denn gewinnender konnte sein Gesicht nun nicht mehr werden, bevor es wieder zum Alltagskloß und Nierenpudding zusammensank, und doch kam es ihn an wie Schwerarbeit, sich loszureißen. Denn er konnte sich des Eindrucks nicht erwehren, es entginge ihm die seltene Gelegenheit, etwas wahrhaft Umwerfendes zu emp-

finden, was noch keiner vor ihm so empfunden hatte. Aber die Zeit drängte. Smeraldina stampfte bereits auf den Boden, und seine Züge machten Anstalt, ein- (oder vielleicht besser aus ihm heraus-) zufallen. Schließlich empfahl er sich, ohne Kniefall oder Stoßgebet, doch sein Gehirn in Demut hingestreckt vor dieser ersten eigenen Lebensregung. Das war doch auch nicht ohne. Jetzt hätte ihm ein langes Largo zugesagt, am liebsten auf den schwarzen Tasten.

Im Friedhof verdämmerte das Licht, das mondsteinerne Meer wusch die ungezählten aufgereckten Zehen, die Berge standen als mohrenhäutiger Uccello hinter den Gedenkkreuzen. Ein hübscheres Fleckchen Erde hat man noch nicht gesehen. Affenpelz räumte die Bretter von der frisch ausgehobenen Grube und stieg die schmale Leiter, die der Totengräber mit Vorbedacht nicht weggetragen hatte, hinab, hinab, hinab. Erst als er mit dem Kopf unter der Erde war, kam er zur Ruhe. Nerven hatte er, das mußte man ihm lassen. Das Zeichenhafte seines Tuns entging der Smeraldina, sie hockte nur so da am Grabesrand.

Nun, um die Geschichte kurz zu machen, polsterten sie also miteinander den Boden aus mit Moos und Farn, die Wände mit herausragendem Grün. Ganz unten wurde der Lehm so hart, daß Affenpelz mit den Schuhen die Eisenbügel versohlen mußte. Aber sie machten ganze Arbeit, kein Stückchen Lehm lugte danach noch hervor, ein einziges üppiges und süßduftendes Grün das Ganze.

Aber nicht lange, und die schwarze finstre Nacht fiel ein, ein Fröstelwind erhob sich, das Licht verzuckte auf den Vorhügeln, und der Mondstein ward zu Asche. Die Smeraldina erschauerte, kein Wunder. Affenpelz überflog sein Werk mit einem letzten Blick, froh wie ein Floh im Stroh. Belacqua lag derweilen tot auf dem Bett mit zeitlosem Spott auf seiner Miene. Affenpelz stieg aus dem Loch, holte die Leiter hinter sich herauf, legte die Bretter zurück und rieb sich aufseufzend die Hände nach getaner Arbeit, getanem Liebesdienst, schmerzlicher Pflicht.

Plötzlich war der Totengräber auch zur Stelle, ein stattlicher Mann im Stadium des Verfalls, er hatte sich nach besten Kräften vollgesoffen und ließ dadurch die Erde geweihter denn je erscheinen. Er zeigte sich über ihre Zuwendung, die nach seiner Erfahrung mit Hinterbliebenen ohne Beispiel waren, tief gerührt. Was ihn betraf, so hätte er sich zuverlässig für den Verblichenen zutodgeschuftet, er hatte ihn nicht nur als Erwachsenen, sondern von Kind auf gut gekannt. Die Smeraldina sah auf einmal Belacqua als Buben vor sich, wie er auf Lärchen kletterte und der weiten Welt die Brust entgegenreckte.
Affenpelz fühlte sich als Vater, Bruder, Gatte, Beichtiger und Familienfreund (welcher Familie nur?) mit den dazugehörigen Dreingaben behandelt und sprang mit dem torkelnden Totengräber unsanft um. Die Smeraldina ließ sich auch nicht lumpen. Und Belacqua, bis zur Unkenntlichkeit verhimmelt, mußte dazu herhalten, zwischen der Witwe und ihrem riesigen Begleiter, die nun, vier hübsche taube Ohren, ihres Weges stapften, Eintracht zu stiften für das schmutzige Geschäft.
»Nach Hause, Affenpelz«, sagte die Smeraldina.
Affenpelz schritt rascher aus, umfing sie, stützte sie im Gehen.
»Ich sehe keinen Mond«, sagte sie.
Wie ein Springteufel war der Trabant zu Diensten und ließ seine Lichtleiter auf den Strand hinuntergleiten. Er hatte einen langen, einsamen Aufstieg vor sich.
Der Totengräber fühlte sich bis ins Mark getroffen, aber dann dachte er an seine rheumatische Schulter, setzte sich auf die Bretter nieder und kippte seine Flasche Guinness. Das Nährbier ein Zehrbier, Gerstensaft, der blöde macht. Diese schäbigen Geheimnisse gingen ihn nichts mehr an, er hatte alle Sorgen in den Wind geschlagen. Die Zukunft wollte er erlauschen, mit gespitzten Ohren, seine Zukunft, und was kriegte er zu hören? Die alten Lieder waren angestochen und pfiffen sich ins Falsett hinauf bis zur Unhörigkeit. Na gut. Sollte sein Wesenskern doch weiter so in Suff und Schnapsakkord hindudeln, das nahm er gerne als endgültigen Ausdruck seines Gleichmuts

hin. Er erhob sich und schlugs Wasser an einer Zypresse ab. In dieser Nacht lag Affenpelz wach und warf und wälzte sich, aus den verschiedensten Gründen, im Bett hin und her; zuletzt verfiel er in einen unruhigen Schlaf und wurde unerfrischt von einem Wind- und Regentag geweckt, das Wetter hatte vor dem Morgengrauen umgeschlagen.

Am Mittag machte Mary Ann der Smeraldina, die im Bett ihren geheimsten Gedanken nachhing und leicht trielte nach einem sehr weichgekochten Ei, ihre Aufwartung. Mr Malacoda. Versessen darauf, einzusargen. Die Smeraldina bemerkte in bitterem Ton, wenn der Mensch die Einsargung verlange, müsse die Einsargung auch sein, noch lang kein ausreichender Grund für Mary Ann, sie derart penetrant mit dem Unabänderlichen zu belästigen.

Nur eine dünne Wand, nicht brüchig, aber dünn, trennte sie von Mr Malacoda mit seiner Assistentin ungulata, denen die Abfertigung auf den Nägeln brannte. Das Totenhemd stand dem Hingeschiedenen nicht, er wirkte, umrahmt von wildgewordenen Spitzenrüschen, wie ein Baby aus dem Weihnachtsspiel.

Affenpelz traf zur magischen Stunde ein, Homers Abenddämmer, wenn Ratten außerhalb des Blickfelds undeutlich aus den Löchern huschen. Die Zugabe, die ihm jetzt seinem Gefühl nach zustand, kam mit großen Schritten näher, zu Lasten anderweitiger Erbansprüche. Er war ganz ihrer Meinung, das Totenhemd stand dem Verblichenen wirklich nicht, er wirkte darin irgendwie herausgeputzt und wehrlos, als wäre er mit dem Sterben nicht zurechtgekommen. Zum Abendessen blieb er gerne da.

Hierbei ist nicht ganz unerheblich, daß die Smeraldina von Natur aus so ins Geratewohl hineinlebte, daß es ihr keineswegs leichtfiel, gefühlstief zu empfinden, oder vielmehr und vielleicht genauer, es zu sein. Solange sie zurückdenken konnte, hatte ihr Leben aus lauter sprudelnden Lecks bestanden. Ein Ehemann war für sie am Ende nur gezupftes Werg – und mehr als das! Nämlich wie alles andere auch: ein Gummischutz, eine

Spranz-Drahtbandage. Belacqua war schon abgeschüttelt, genauso wie sein Knopfloch-Ehrenpreis in So ein Pech. Verlierer auf der Suche. Die Seelenlage ist hier vereinfacht, ein Gefühlsfaktor war durchaus mit im Spiel (oder am Werk), der die Seelenlage komplexer machte, aber im großen Ganzen war sie das.
In dieser Nacht besserte sich das Wetter derart, daß man es nicht mehr bloß der Feier gnädig nennen konnte. Malacoda und Cie meldeten sich am Morgen frisch und munter mit ihrem Sechszylinder-Leichenwagen, schwarz wie Ulysses' Kampffregatte. Der Unhold, völlig unfähig, seine Deckbegier im Zaum zu halten, brachte mit knapper Not einen Stehflirt mit Mary Ann zustande. Die Smeraldina wollte mit dem Sterbezimmer nichts mehr zu schaffen haben, nicht daß sie abgebrüht war, ganz im Gegenteil, aber diese Livree des Todes, von seinem weißen Banner ganz zu schweigen, das war zuviel für sie. Affenpelz, der seine Dienste immer draufgängerischer wahrnahm, meinte ganz dasselbe. Und daher soll der Gute ruhig auch weiterdecken. Dazu war er da, dafür wurde er bezahlt. Soll das Nachtmahrgezücht doch seelenruhig nach oben gehn.
Nun griente er eben schließlich doch zum Sargdeckel hinauf.
»Keine Blumen«, sagte Affenpelz.
Gott bewahre!
»Und Freunde auch nicht.«
Blöde Frage.
Der Pfarrer traf eben noch rechtzeitig ein. Er hatte den ganzen Vormittag Teufel ausgetrieben, troff vor Schweiß.
Affenpelz trottete hinaus in die Sonne und die Balsambrise, dem Haus entronnen, das auf einmal als hingehudeltes Billigmausoleum dastand. Er war mit einer Botschaft seines teuren Mündels an den Fahrer unterwegs, der Scarmiglione hieß, einer sehr unzweideutig formulierten Mahnung, mit dem Vollgas in gebotener Vorsicht maßzuhalten. »Drück auf die Tube«, sagte er in seinem gestelzten Kauderwelsch, »innerhalb des unhintergehbaren Sicherheitskoeffizienten.« Scarmiglione erwiderte

diese Aufforderung mit einem Blick steinerner Höflichkeit. Auf solchen Fahrten drosselte er die Geschwindigkeit nur mit der Muffe seines eignen Guthaltens und Gewissens, sonst mit nichts. Da blieb er eisern. Affenpelz bebte vor dem liebenswürdigen Gegrins zurück.

Alles an Bord. Seelen auf Halbmast. Ahoi, ahoi.

Mary Ann gabelte den Gärtner schließlich im Werkzeugschuppen auf, wo er sich, zusammengesunken auf einer umgedrehten Kiste, eingeschlossen hatte und rastlos Knoten in einen Baststrang knüpfte. Er drückte sich nicht vor der Arbeit, er trauerte.

»Er war der einzige«, sagte Mary Ann und meinte damit ihrer beider verflossenen Arbeitgeber, »von dem ich mir je was hab träumen lassen«, als ob das den Gärtner auch nur im leisesten interessiert hätte. Aber womit hätte sie ihn höher loben können? Der Gärtner hatte sich gut verschanzt, sie konnte ihm nicht auf den Pelz rücken, sondern höchstens ihr fahles Groschengesicht an die zerbrochene Fensterscheibe halten und ihn ausgiebig belästigen mit ihren Ansichten und Empfindungen. Sie rechnete mit keiner Antwort, ließ ihm nicht die Zeit dazu und bekam auch keine. Er hörte ihre Stimme aus weiter Ferne, konnte sich aber keinen Vers drauf machen. Denn er war, jedenfalls im Augenblick, nichts als ein Trauerkloß, der ungern zugegeben hätte, wie schwer ihn die Sorge um seine Gesundheit drückte. Kümmerte er sich übertrieben viel ums Haus? Schwer zu sagen. Er hörte Mary Anns Getrappel, ihr wütend herausgeschrienes Halali, sie schlachtete ein Federvieh fürs Mittagessen. Dann ging er auf die Suche nach seiner Richtschnur. Hatte ein Unbefugter doch schon wieder seine Richtschnur mitgehn lassen, und infolgedessen konnte er jetzt seine Broccoli nicht setzen. Er stand auf, schob den Riegel zurück und schniefte aus der Dunkelheit ans Licht, suchte sich ein Plätzchen in der Sonne und ließ sich nieder wie eine ungeheure Fliege, die ihre Ladung Typhus ordnet. Allmählich besserte sich seine Stimmung. Zehn zu eins, daß Gott im Himmel waltete.

So tief das Grab auch war, die Beisetzung lief glatt und ohne Patzer; höchstens, daß die Begleitworte eine Spur fehlgerichtet waren auf die abscheuliche und felsenfeste Hoffnung, die aus der Tatsache des Hinscheidens hastig geschlürft wird. ›Erde zu Erde‹ wurde in einem Ton vorgetragen, der bebend vor Verachtung als triumphaler Vorwurf an alles Lebendige erscholl. Wie konnte jemand bloß in diesem Elend weiterleben! Pah!
»Also auf Gälisch«, bemerkte Affenpelz auf dem Nachhauseweg, »da könnte man das gar nicht sagen –«
»Was könnte man nicht sagen?« fragte der Pfarrer. Er ließ nicht locker, bis er es erfuhr.
»O Tod, wo ist dein Stachel?« antwortete Affenpelz. »Es gibt darin keine Worte für das Hehre.«
Damit war der Pfarrer und Kanonikus der irischen Landeskirche erst mal bedient, sodaß er sich an die Smeraldina, in der er offenbar den rettenden Strohhalm sah, mit dem Ausruf wandte:
»Meine Frau hätte Sie gern einmal besucht.«
»O Anthrax«, sagte Affenpelz, »wo ist deine Pustel.«
»Sie ist durchs Fegefeuer gegangen«, sagte der Pfarrer, »bei ihr finden Sie Verständnis. Meine ärmste Schwiegermama!«
»O Hirnschwund«, sagte Affenpelz, »wo sind deine Ratten?«
Gott in seiner Güte hatte verfügt, daß der Pfarrer nur schwer in Wallung kam.
»Und so weiter und so fort«, sagte Affenpelz. »Auf gälisch kann man es nicht sagen, das steht fest. Geblubber von Bauerntölpeln.«
Daß es aus und vorbei war mit Belacqua, ließ Affenpelz neu aufleben. Er sprach flüssig, mit löblicher Festigkeit, sein Äußeres gewann, wirkte weniger aufgedunsen, kretinös und eunuchenhaft denn je zuvor; und er fühlte sich auch besser, das war das Allerschönste. Eine mögliche Erklärung liegt darin, daß Affenpelz zu Belacquas Lebzeiten nicht er selbst oder, wer das lieber hört, nichts anderes als er selbst sein konnte. Wohinge-

gen Capper Quin den Verblichenen jetzt, wenigstens zu einzelnen einfügbaren Teilen sich dienstbar machen und als Lükkenbüßer einverleiben konnte, ohne die Gefahr der Bloßstellung zu laufen. Schon war Belacqua nicht mehr ganz tot, sondern nur noch verstümmelt. Die Smeraldina ließ das, ohne nachzudenken, gerne zu.

Bei ihr selbst vollzog sich allem Anschein nach die gegenteilige Veränderung. Sie war in manchen Stücken tot, und ganz sicherlich in dem bestimmten Teil abgestorben, den Belacqua so penibel hatte absondern wollen, dem öffentlichen Teil, den so roh zu seinen eigenen Zwecken auf die Scham einzugrenzen er getrachtet hatte, ihre unverhohlenste Seite also*, die er zum Röntgenbild herabgewürdigt und dazu mißbraucht hatte, seine privaten Heimlichkeiten aufzumöbeln. Das war futsch und den Bach hinunter mit dem toten Sadomasochisten. Der ihr ebenbürtige Geist, um ihm einen Namen zu geben, war gemessen, eingesargt und von Nick Malacoda abgedeckt. Als anagoges Medium (ohne -isch mit freundlicher Erlaubnis) kamen ihr die Würmer gut zupaß.

Übrig blieb ein wahres Prachtstück von strammem Weib, die aus Bammel von Belacqua übergangene OP-Schwester, die vor vis vitalis aus kaum verheilten Nähten barst und danach fieberte, für – höchst sozusagen – bare Münze genommen zu werden, und zwar vorzugsweise mit Gewalt.

Zufällig erreichten die zwei beschriebenen Prozesse, die sich vielleicht als eine Art marginaler Metabolismus bezeichnen ließen, unabhängig voneinander, wenn auch desselben Ursprungs, dem Aufbau förderlich im Fall des Mannes, den Verfall einleitend und köstlich absonderungsartig im Fall der Frau, auf der Rückfahrt vom Grab ihren gleichzeitigen Höhepunkt.

Affenpelz brachte das Auto zum Stehen.

* Die ein befähigter Poet einmal die bella menzogna genannt hat.

»Steigen Sie aus«, sagte er zu dem Pfarrer. »Ich mag Sie nicht.«
Der Pfarrer appellierte stumm an die Smeraldina. Sie hatte ihm nicht das mindeste zu sagen. Nie mehr ihr Leben lang, das wußte sie, geriet sie noch einmal in diese für sie so vorteilhafte Lage des wohlig gedeckten Zankapfels, und ihr Entschluß stand fest.
»Schicken Sie die Rechnung an den Erbverwalter«, sagte Affenpelz. »Und jetzt schön brav hinausgehüpft.«
Der Pfarrer tat, wie Affenpelz gebot. Er fühlte sich hundeelend. Sie hatten ihm nicht einmal Zeit gelassen, die andere Wange hinzuhalten. Er zermarterte sich das Hirn nach glühenden Kohlen. Als das Auto losfuhr, sprang er behend aufs Trittbrett, beugte sich im Lee der Windschutzscheibe nach vorn und intonierte mit kläglicher Stimme:
»... und der Tod wird nicht mehr sein, noch Leid noch Geschrei, noch Schmerz wird mehr sein –«
Wonach er wegen einer gefährlichen Schwenkung des Autos, um sein Leben zu retten, gezwungen war, abzubrechen. Er blieb mitten auf der Straße zurück, weit von Heim und Herd, und hoffte, ohne daraus gleich ein ausgewachsenes Gebet zu machen, daß sie Vergebung fänden.
»Ist er nicht zum Kotzen«, sagte Affenpelz, »mit seinem Nuncdimittis-Hokuspokus.«
Weiter bleibt wenig zu berichten. Bei ihrer Rückkehr stand das Haus, in das Belacqua drei Bräute heimgeführt hatte, in Flammen, ein brüllender Ofen. Während ihrer Ausfahrt war, wie sich erwies, im Hirn des Gärtners etwas ausgerastet, der daraufhin dem Dienstmädchen Gewalt angetan und das Anwesen in Brand gesteckt hatte. Er hatte sich weder gestellt noch die Flucht versucht, sondern sich in den Werkzeugschuppen eingesperrt, in Erwartung seiner Festnahme.
»Mary Ann Gewalt angetan«, rief die Smeraldina.
»So ihre Darstellung«, sagte ein hochrangiger Vertreter der Bürgerwehr. »Die Feuermeldung kam von ihr.«
Affenpelz maß den Würdeträger von Kopf bis Fuß.

»Zeigen Sie mal den Knastbezugschein her«, sagte er.
»Wo ist sie jetzt?« fragte die Smeraldina.
»Heim zu ihrer Mutter«, sagte der Hochrangige.
Sie stellte ihn nochmals auf die Probe.
»Wo ist der Gärtner?«
Aber er war um eine Antwort nicht verlegen.
»Er leistete Widerstand und liegt jetzt im Krankenhaus.«
»Wo sind die Kämpen von der Feuerwehr«, sagte Affenpelz, der nun auch seinen Mann stehen wollte, »die Jungs von der Alten Garde, die Tara-Street-Kosaken? Können wir heute noch auf sie zählen? Sie könnten entflammungshemmend wirken.«
Dieser Affenpelz war für die Smeraldina die reinste Offenbarung, er hatte tatsächlich Haare auf den Zähnen.
»Höhere Umstände machen sie unabkömmlich«, sagte der Amtsträger.
»Bring mich fort«, sagte die Smeraldina entschieden, »das Haus ist gut versichert.«
Der Amtsträger vermerkte den verdächtigen Umstand im Gedächtnis.
Die arme Smeraldina! Nun hatte sie weniger denn je ein Lebensziel.
»Dann zieh mit mir«, sagte Affenpelz, »jetzt wo das alles passiert ist, und sei mein Schatz.«
»Ich verstehe nicht ganz«, sagte die Smeraldina.
Affenpelz erklärte ihr haarklein, was er meinte. Im Herzen der purpurnen ragenden Bergwelt machte das Auto schlapp. Affenpelz war mit seinem Benzin am Ende. Aber unbeirrt erklärte er sich weiter und weiter. Er erklärte und erklärte endlos denselben alten Käse immer wieder von vorn. Schließlich machte auch er schlapp.
»Wer weiß«, lispelte die Smeraldina, »das hätte sich der liebste Bel am Ende auch gewünscht.«
»Was denn?« rief Affenpelz entgeistert.
Ihre Gegenerklärung fiel kurz und bündig aus.

»Smerry, Liebste!« rief Affenpelz. »Und weiter?«
Sie verstummten. Affenpelz starrte geradeaus durch die getönte Windschutzscheibe, die die beiden im Gebirge übrigens dem Gemälde von Paul Henry nicht unähnlich wirken ließ, und neigte dem Gedanken zu, es wäre allmählich Zeit, etwas zu unternehmen. Aber das kam offensichtlich nicht in Betracht. Die Smeraldina war meilenweit entfernt bei der Leiche und dem ihr ebenbürtigen Geist im Friedhof am Meer und bedachte ausführlich, wie sie in Bälde der ersteren sich gefällig zeigen wollte, nicht anders als diese, noch unvollendet, der von Lucy*, um dann den letzteren für ewig aus ihrem Andenken zu tilgen.
»Wir müssen uns eine Inschrift überlegen«, sagte sie.
»Er erwähnte einmal eine«, sagte Affenpelz, »jetzt wo du davon sprichst, die er gebilligt hätte, aber sie ist mir entfallen.«
Der Totengräber stand tief in Gedanken versunken da. Wenn er alles abwog, die Genossenschar der seufzenden, beinern schimmernden Gedenksteine, den Mond auf Dienstfahrt sowie das Meer, das sich in seinen Träumen schnaubend hin- und herwarf, und weiter zurückversetzt die Hügel auf attischer Höhenwacht, fiel es ihm schwer, sich ohne weiteres darauf festzulegen, ob die Szenerie unter den Begriff des Romantischen einzuordnen war, oder nicht doch eher als klassisch gelten mußte. Beide Bestandteile waren unzweifelhaft vertreten. Vielleicht war klassisch-romantisch die angemessenste Annäherung. Eine klassisch-romantische Szenerie.
Für seine Person fühlte er sich ruhig und voller Wehmut. Eine klassisch-romantische Arbeiterfigur mithin. In seiner Erinnerung stiegen die Worte der Rose an die Rose auf: ›Kein Gärtner ist je gestorben, Komma, seit Rosengedenken nicht.‹ Er sang sich sein Liedchen, tat sich an seiner Flasche Starkbier gütlich, wischte eine Träne fort und ließ sichs wohl sein.
So geht's zu auf der Welt.

* Eine abscheulich unwahrhafte Gleichsetzung.

# Inhalt

Suhrkamp Verlag GmbH
Torstraße 44, 10119 Berlin
info@suhrkamp.de
www.suhrkamp.de